예수 기도, 성령 체험

Originally published as
Priere de Jesus et experience de Saint Esprit in 1981, Paris
(*Rugaciunea lui Iisus si experienta Duhului Sfant* in 1995, București)

Copyright © 1981 by Dumitru Stăniloae
All rights reserved.

Korean Translation Copyright © 2017 by Korean Orthodox Editons(Seoul)

이 한국어판의 저작권은 저작권자(두미뜨루 스터닐로아에 신부의 유족)과
독점 계약한 정교회출판사에 있습니다. 저작권법에 의해 한국 내에서
보호를 받는 저작물이므로 어떠한 형태로든 무단 전재와 무단 복제를 급합니다.

예수 기도, 성령 체험

두미뜨루 스떠닐로아에 지음
송용기 키프리아노스 옮김

정교회출판사

차 례

	머리글 조성암 암브로시오스 대주교	7
	서문 올리비에 끌레망 교수	13
1장	세속화된 세상에서의 기도	31
2장	헤지카스트의 길	49
	1. 자애로움과 거룩함	51
	2. 순수 기도 혹은 마음의 기도, 그리고 기도의 장애물	64
	3. 거룩성 : 인간의 양심에 존재하는 하느님의 투명성	73
	4. 기도와 자유	83
	5. 용서와 교회의 갱신	95
3장	정교 신학과 교회의 삶 속에서의 성령	107
	1. 정교 신학과 성령	109
	2. 교회의 삶에 계시는 성령	130
	3. 카리스마따 (성령의 은사)	145

◩ 머리글

『예수 기도, 성령 체험』의 저자인 루마니아 신학자 드미뚜루 스떠닐로아에 신부는 20세기의 가장 중요한 정교회 신학자 중 한 분입니다.

이 책의 저자인 스떠닐로아에 신부가 얼마나 위대한 신학자인지를 독자들이 이해할 수 있도록 그의 신학의 네 가지 핵심을 덧붙이고자 합니다.

첫째, 4세기의 위대한 카파도키아의 교부들이 당대 그리스 사상의 형이상학적 질문에 답변했던 것처럼, 저자는 서구 세계의 철학적 의문에 대해 정교회의 답변을 내놓은 최초의 신학자 중의 한 명입니다. 서구의 철학적 사고와 함께 발전한 대화의 방법론은 저자를 중요한 정교회 사상가로 여기게 하였습니다. 왜냐하면 저자는 정교회의 신앙과 삶을 대화의 상대자들, 즉 서구의 비정교인(정교인이 아닌 그리스도인들)과 무신론의 철학자도 모두 이해 할 수 있는 방법으로 증언하였기 때문입니다.

둘째, 스떠닐로아에 신부의 신학은 교회의 교의가 공허한 이론이나, 지적인 추론이 아니라 사람들의 삶과 연결되어 있다는 위대한 진리에 기반을 두고 있습니다. 교회의 교의적 가르침과 결부되어 있는 인간의 삶을 그는 "교의의 영적 차원"이라고 불렀습니다. 즉, 교회의 교의적 가르침은 기본적으로 사람에게 무엇이 가장 필요한 것이냐라는 질문에 대한 해답이라고 스떠닐로아에 신부는 가르칩니다.

셋째, 스떠닐로아에 신부는, 심오한 신학과 그리스도론을 내포하고 있는『필로칼리아』를 번역하여 루마니아 사람들에게 소개하는 일에, 신학자로서의 삶 대부분을 헌신하였습니다. 그는 이렇게 말합니다.

> "『필로칼리아』의 본문은 그리스도론과 그리스도를 중심에 둔 삶의 방법을 기술하고 있습니다. 이 방법은 사람들을 그리스도와 연합과 일치로 나아가게 합니다. 그 핵심은 사람의 일이 그리스도의 일과 분리되지 않는다는 확신입니다. 사람이 성취하는 것은 자신의 힘이 아니라 그리스도와의 성령의 도움으로 가능하다는 말입니다. 사람과 그리스도가 하나가 되는 이 숭고한 목표와 그것을 향한 전진은 그리스도론과 성경에 기반을 두고 있습니다. 그리스도의 일과 사람의 일을 분리하는 것은 정교회 전통과는 다른 것으로서 윤리와 교의를 분리하는 스콜라적 신학에 영향을 받은 것입니다. 다시 말해 스콜라적인 신학은 신학이란 하느님이 사람을 위

해 하신 일에 대해서만 말할 뿐, 사람의 일에 관한 것은 윤리학의 몫이라고 가르치는 잘못을 범하고 있습니다."

스떠닐로아에 신부는 그리스어로 출판한 『정교회 교의학』 머리글에서 위의 주제를 다시 한 번 강조하며 다음과 같이 말합니다.

"나는 신자들의 삶이 살아계신 하느님을 실제적으로 드러내는 것이야말로 정교회 신앙의 가장 완전한 표현이 되길 바랍니다. 또한 나는 신자들이 하느님의 형상이 되길, 그리하여 기도 안에서 경험하는 하느님을, 항상 역사하시고 우리 곁에 현존하시는 분으로, 그 살아 있는 현존을 통해 우리 영혼을 뜨겁게 달구시는 분으로, 생명의 근원이신 그분과의 신비로운 일치를 이루어 가며 영적인 삶을 더욱 고양시킬 때 더욱 분명하게 자각되고 알려지시는 분으로 드러낼 수 있기를 바랍니다. 또한 사람 사는 세상에서 사람의 모든 일들을 경이롭게 조화시키시고 일치시키시는 하느님의 실제적 현존이 온 우주에 드러나길 바랍니다."

그리고 다른 부분에서 다음과 같이 기술하고 있습니다.

"풍부하고 심오한 정교회의 신앙은 그 본질의 변함이 없이 모든 시대의 사람들이 영적으로 필요로 하는 것에 언제나 부합할 수 있었다고 믿습니다."

넷째, 스떠닐로아에 신부는 자신의 저작과 여러 형태의

강연을 통해, 사랑의 신학, 하느님과 사람의 친교, 사람과 사람 사이의 친교를 강조했습니다. 그래서 "하느님 사랑의 신학자"로 불리기도 합니다. 하느님과 사람 사이의 유일하고 확실하며 올바른 대화의 언어는 사랑의 언어라고 강조합니다.

스떠닐로아에 신부의 신학에서 중심은 언제나 '하느님-사람'이신 그리스도이시고, 그의 신학을 올바르게 해석하는 열쇠는 하느님의 사랑입니다. 이에 대해 저자는 다음과 같이 고백합니다.

> "나는 그리스도교의 성 삼위 하느님을 사랑의 하느님으로, 또한 예수 그리스도를 사람이 되시어 우리를 위해 십자가에 달리신 하느님의 아들, 하느님 사랑의 살아있는 증거로 소개하려 노력했고, 또한 그분은 그 지극한 사랑으로 각 사람을 고유한 인격과 영원한 가치를 부여받은 존재로, 또 하느님과의 영원한 대화에 참여할 수 있는 존재로 창조하신 분이심을 끊임없이 알리려 했습니다."

스떠닐로아에 신부가 하느님의 사랑을 중심 주제로 다룬 것은 매우 의미심장합니다. 그는 이러한 신학적 입장으로 이미 44년 전에 미래를 내다보며 정교회의 거룩하고 위대한 공의회의 개최를 주창하고 다음과 같이 강조하였으니, 공의회 개최라는 그의 바램은 2016년 그리스 크레타에서 현실화되었습니다.

"오늘날 정교회 공의회는 사랑의 선언이어야만 합니다. 사랑이야말로 하느님께서 나타나시고 우리 가까이 오시는 방식임을 드러내주는 것이어야 합니다. 오늘날 인간에게 가장 요구되는 것은 바로 사랑입니다. 그래서 교회의 가장 큰 의무는 사람을 향한 하느님의 사랑을 드러내고, 그 사랑을 구현하며, 그리하여 결국은 모든 사람을 사랑하는 것입니다. 오늘날 사람은 그 어느 때보다도 아무 조건 없고 제한 없는 완전한 사랑에 목말라 하고 있습니다. 그러므로 교회는 그 자신이 사랑이라는 것을 깨닫고 무엇보다도 그 사랑을 실천하는 일에 착수해야 합니다."

위 인용문을 통해 우리는 스떠닐로아에 신부의 깊은 신학적 통찰을 엿볼 수 있습니다. 독자들은 저자의 이러한 신학 정신을 이 책을 통해 더욱 풍부하게 확인하게 될 것입니다. 이 책을 번역하기 위해 많은 수고와 정성을 기울이신 루마니아의 정교 신학 박사 키프리아노스 송용기 선생님께 깊이 감사드리며, 이 책의 출판이 한국사회에 정교회 신학을 알리는 일에 크게 이바지 할 수 있기를 기원합니다.

정교회 한국대교구
† 조성암 암브로시오스 대주교

■ 서문

    두미뜨루 스떠닐로아에 신부는 현대 정교회에서 가장 위대한 신학자 중 한 명임에 틀림없다. 서구 언어로 번역되고 있는 그의 저작은 분명 20세기 후반 그리스도교 사상사에서 가장 중요한 역작 중 하나로 인정받게 될 것이다.

    스떠닐로아에 신부는 1903년 루마니아 중서부의 광활한 구릉지에 속하는 트란실바니아 지방[1]에서 출생했다. 어린 시절부터 그는 대다수 루마니아 국민이 믿고 있는 정교회 영성에 깊이 심취되어 있었다. 이 지역은 오랫동안 외국의 지배로 인해 정교회 영성이 거부되었던 만큼 그 열정은 더욱 더 강렬했다. 이 독특한 신심을 간단하게라도 제

---

1. 역자주) 트란실바니아 지방은 제1차 세계대전이 끝난 후 헝가리 영토에서 루마니아 영토로 편입되었다. 이 트란실바니아 지방은 고대부터 루마니아계 사람들이 살다가 9세기 경 헝가리계 마자르족의 이주, 13세기 게르만 민족의 이주로 이 세 민족이 함께 공존하는 지역이 되었고, 이후 헝가리 왕국과 합스부르크 왕국의 지배를 간접적으로 받던 공국이었다. 스떠닐로아에 신부는 루마니아인이다.

시해 보려면 다음과 같은 것들을 언급해야만 한다. 교회의 축일과 전례 주기로 양육되는 삶, 그래서 가장 일상적인 행동조차도 전례적 성질을 띠는 것이 되는 그러한 삶에 대한 깊은 사랑, 그리고 끊임없이 이어져온 헤지카스트 전통으로 담보된 관상의 의미와 사람에 대한 구체적이고 실천적인 봉사 사이의, 정교 세계 안에서도 매우 찾아보기 힘든 균형, 하느님과 성 베드로가 땅을 두루 다니면서 고통받는 자를 도와주고 불의한 자를 벌하신다는 이야기를 담고 있는 수많은 전설이나, 저녁 예식 때 집에서 양식을 가져와 축복 받은 후 다 함께 나누는 등 농촌이건 도시건 다 정다감한 분위기로 가득하고 활력과 애정이 넘치는 작은 성당들이 보여주는 신비에의 친밀성, 그리고 마지막으로 인간에 대한 이 직관들과, 멀치아 엘리아데(Mircea Eliade)가 루마니아 사람인 것이 전혀 우연이 아님을 말해주는 바, 세상을 '테오파니'(Théophanie) 즉 '하느님의 현현'(顯現)으로 바라보는 고대적 경이로움으로 가득 찬 인식, 이 두 가지의 결합 등이 그것이다. 다른 한편, 정교회 국가임과 동시에 라틴 민족이라는 독특성을 가지고 있기에 루마니아는 서방 그리스도 교회와 동방 그리스도 교회가, 또한 희랍 정교회, 슬라브 정교회, 아랍 정교회 및 코카서스 정교회가 만나는 경이로운 교차로였고 지금도 그렇게 존재하고 있다는 점을 잊어서는 안 된다. 그러므로 스떠닐로아에 신부의 이 저서를 읽을 때 루마니아 정교회를 둘러싼 이러한 역사적 배경을 간과해서는 안 될 것이다. 비잔틴 제국이 함락된 이후에도 오랜 기간 동안 비잔틴 교회가 루마니아에서 유지될 수 있었기 때문에, 루마니아의 역사가 니꼴라이 요르가가 지적한 것처럼, 루마니아 정교회가 "비잔틴 제국 이후의 비잔틴" 역할을 담당해 왔다는 사실, 또한 건축물과 몰도바 수도원의 외벽 프레스코화 등에서 볼 수 있듯이 루마니아 정교회에서는 비잔틴 예술뿐만 아니라 종종 정교회적인 정치가 전통적이면서도 창조적인 방식으로 발전되었다는 점에 주목해야 한다. 18세기 말과 19세기의 전환기에 바로 루마니아에서 헤지카스트 영성 전통은 경이로운 부흥을 경험하였고 이어서 정교회 세계 전체로 확산되었다. 특별히 1918년까지 합스부르크 제국에 통합되어 있었던 트란실바니아는 루마니아 정교회의 천재성과 다른 서방 그리스도교의 문화와 신앙 고백들이 힘겨웠지만 매우 풍요로운 방식으로 만났던 무대였다.[2]

2. 역자주) 고대 루마니아 민족은 고대 다치아 왕국에 속했다가 주후 105년 로마 제국에 함락되면서 라틴화되어 현재에 이르고 있다. 로마 제국의 속주였던 시기 고대 루마니아 민족은 지속적으로 로마화되면서 라틴교회를 따르는 교회에 속했었다. 하지만 중세에 접어들면서 다뉴브 강 하구, 현재 루마니아와 불가리아 인근에서 패권을 차지하고 있던 제1차 불가리아 왕국 시대에 국왕 미하일 보리스는 비잔틴 제국과 비잔틴 정교회의 선교를 계기로 864년 정교회를 받아들였고, 이 영향으로 말미암아 9세기 경부터 인근의 작은 부족 국가 형태를 이루면서 살던 루마니아 민족은 비잔

이러한 측면에서 스떠닐로아에 신부가 1928년 바사라비아 지방에 있는 체르너우치(Cernauti)대학에서 『예루살렘의 총대주교 도시테오스의 삶과 저작, 그리고 루마니아 국가들과의 관계』라는 논문으로 박사 학위를 취득했다는 것은 매우 인상적이다. 사실 17세기 도시테오스 총대주교는 종교개혁자들과 반종교개혁 세력 사이에서 정교회의 입장을 분명히 확정하는데 상당히 중요한 역할을 수행했었는데, 이때 루마니아의 지원이 없었다면 그의 신학적 업적, 공의회[3]의 업적은 실현될 수 없었다. 루마니아는 투르크인에 맞서 영웅적으로 자신들의 자치권을 수호하면서 성지 예

> 틴 정교회의 전례 및 영적 전통을 따르게 되었다. 이런 의미에서 고대 로마 제국 시기에 로마화되면서 인종과 언어로는 라틴계에 속하면서도 서방 가톨릭 전통과 동방 정교회의 전통을 차례로 이어가며 동-서방을 망라하는 전통을 경험하게 되었다. 더욱이 9세기경 헝가리계 민족이 트란실바니아 지방에 진출하였고, 13세기에는 독일 작센 지방 사람들이 이곳에 이주해 오면서 중세 약 10세기경부터 역사상 나타났던 트란실바니아 공국에는 이 세 민족이 더불어 살아가는 지역이 되었다. 이 트란실바니아 공국은 헝가리 영토에 속했다가 1차 세계대전 이후, 1918년 루마니아 왕국에 편입되었다. 다른 두 개의 중세 루마니아 공국은 남부 평원지대에 창건된 발라키아 공국과 동북부 몰도바 지방에 창건된 몰도바 공국이다.
3. 역자주) 공의회는 로마 가톨릭교회에서나 정교회에서는 주교회의를 의미한다. 세계 교회 내 모든 주교들이 참석하는 에큐메니칼 공의회가 있는 반면, 각 독립된 총대주교 내지 대주교 관할 국가나 지역에서 주교들이 참가하는 지역별 혹은 국가별 공의회도 있다. 역사적으로 동방 교회와 서방 교회는 세계 공의회에서 함께 모였으나, 1054년 동·서방 교회의 분리 이후 양 교회는 각자 독자적인 공의회 전통을 이어나갔다

루살렘의 많은 정교회 학교를 지원했고 오스만 투르크에 직접적으로 통합된 지역에서는 불가능했던 정교회 서적 인쇄를 담당했다.

스떠닐로아에 신부는 체르너우치 대학교에서 박사과정을 마친 후 트란실바니아 지방의 종교적 문화적 중심 도시인 시비우(Sibiu)로 돌아왔다. 시비우에 돌아온 후 그는 당시 지역 대주교였던 벌란(Balan)에게 학문적 깊이와 가능성을 인정받아 두 유럽 문화의 대표적인 나라인 그리스와 독일에서 연구를 지속하라는 요청을 받았다. 그것은 한편으로는 비잔틴 문화의 뿌리를 그리스에서 발견하라는 의도였고, 또 한편으로는 현대 정교회 사상 안에 끊임없이 어른거리는 서방 전통의 도전을 경험해보라는 배려였다. 하지만 젊은 신학자 스떠닐로아에 신부에게 서방 전통의 도전은 상대주의적인 타협도, 외면과 과소평가로 인한 열등감도 불러일으키지 않았다. 도리어 서구 지성 안에 잠재되어 있는 것을 일깨움으로써 그것을 그 자신의 신앙에 종사하게 하려는 열망을 만들어냈다. 그때부터 스떠닐로아에 신부는 교부들이 사용하던 고대 그리스어와 비잔틴 시대의 그리스어뿐만 아니라 현대 그리스어를 익혔고, 게다가 독일어와 프랑스어를 충분히 배웠으며, 1917년 러시아 혁명 이후 러시아에서 망명하여 서구 세계에 정교회 신학을 새롭게 알리고 있었던 정교회 망명 신학자들과 망명 철학자들의 메시지를 해독하기 위해 러시아어도 배왔다. 시비우로 돌아와 처음에는 국립 시비우대학교 정교회 신학부 교수로 봉직하다가 후에 같은 대학의 정교회 신학부 학장이 된 그는 양차 대전 사이의 기간에 전개된 중요한 철학 논쟁에 참여하여, 정교회의 형이상학적 기초에 대한 명료화, 교회와 문화 사이의 관계, 루마니아의 정체성 등과 같은 문제에 천착하였다.

1938년, 스떠닐로아에 신부는 미간행 상태에 있던 성 그레고리오스 빨라마스의 저작을 연구하여 『성 그레고리오스 빨라마스[4]의 가르침과 생애』라는 역작을 출판하였고, 당시 바실리 크리보쉐인(Basile Krivochéine) 주교와 함께 우리 시대 정교회 내에서 성 그레고리오스 빨라마스 연구 르네상스의 선구자가 되었다. 교리와 영적 체험의 밀접한 일치, 하느님 안에서 본질과 에너지의 '구별성-동일성' 등, 14세기 위대한 신학적 종합의 주된 주제들은 계속해서 스떠닐로아에 신부의 저작을 풍요롭게 해주었다. 그 '본질'에 있어서는 절대로

---

4. 역자주) 성 그레고리오스 빨라마스(St. Grégoire Palamas, 1296~1359)는 동방정교회의 아토스 성산에서 수도 생활을 했던, 중세 최고의 정교회 신학자이다. 당시 서방 스콜라 신학의 영향을 받은 비잔틴 인문주의자들과의 헤지카스트 논쟁에 종지부를 찍은 인물이 바로 그레고리오스 빨라마스 성인이다. 헤지카스트 논쟁을 계기로 빨라마스는 삼위일체론, 그리스도론, 신화(déification), 구원론 등 정교회 신학 전반에 있어서 영적 실천적 종합을 이루어냈다. 17~18세기에 동방 정교회 내에서 일어났던 필로칼리아 운동은 바로 이 논쟁을 통해 확립된 정교회 영성 전통을 회복하기 위한 운동이라고 해도 과언이 아니다.

접근할 수 없는 분이신 하느님은 그 '에너지들' 안에서는 온전히 참여할 수 있는 분이 되신다. 그것은 사랑의 신비이고, 하나의 놀라운 친교의 신학이다. 만물을 관통하는 신적 에너지들, 사람의 신화(déification)를 위해 부활하신 그리스도로부터 비춰져 나오는 하느님의 에너지들, 이 신학적 관점은 온 우주와 모든 문화에 참다운 영적 의미를 제공할 수 있게 해 주었다.

1943년 스떠닐로아에 신부는 『예수 그리스도와 인간의 회복』이라는 역작을 발간했다. 이 저작은 역사상 가장 끔찍한 충돌 한가운데서 그리스도는 사람의 참된 모습이심을, 구원은 존재론적인 동시에 인격적이고 개별적인 의미를 가지고 있음을, 또한 선택은 인간 혹은 모든 '닫힌 휴머니즘'(humanisme clos)의 해체와, '신인(神人)주의'(divino-humanisme)로의 호소 사이에서 구체화됨을 상기시켜준다.

전쟁 말기 루마니아를 휩쓸었던 비극적 상황[5]은 오히려 젊은 지성들 안에서 놀라운 영적 심화와 수도 생활의 부흥을 이끌어냈다. 스떠닐로아에 신부는 결혼한 재속 사제로 한 가정의 아버지였지만, 그의 사상과 삶을 점점 더 필로칼리아 전통 안에 뿌리를 내리게 하였고 그리하여 이 필로칼리아 영적 부흥을 주도하는 역할을 담당했다. 1945

---

5. 역자주) 1948년 사회주의 정권이 수립되면서 시작된 정치, 사회, 문화, 종교적 탄압과 이로 인해 발생한 비극을 말함.

년부터 1948년까지 사회주의 정권이 모든 권력을 장악했을 때, 스떠닐로아에 신부는 4권으로 된 루마니아어 역본 『필로칼리아(Philocalie)』[6]를 발간하였는데, 그것은 그리스어나 러시아어 『필로칼리아』보다 더 증보된 것이었다. 당시의 사건들에 직면하고 전체주의 이데올로기에 응답하기 위해, 그는 텍스트를 시대적 순서에 따라 배치하는 방식을 따르는 대신 고백자 성 막시모스(St. Maxime le confesseur)를 더욱 부각시키는 배치를 선택하였으니, 고백자 성 막시모스의 위대한 그리스도론적 종합은 그 후 스떠닐로아에 신부의 모든 신학적 작업에 깊은 영감을 제공하게 된다. 동시에 그는 『수덕 신비 신학 강의』[7]라는 책을 출판하는데, 이 책에서 그는 수많은 교부를 인용했을 뿐만 아니라 블롱델(Maurice Blondel), 하이데거(Martin Heidegger) 등도 인용하

---

6. 역자주) 루마니아어 역 『필로칼리아』는 영역본과 달리, 두미뜨루 스떠닐로아에 신부가 니코데모스에 의해 출판된 그리스어 선집에다가 교부들의 저작을 더 추가하여 총 12권의 방대한 분량으로 근 50년에 걸쳐 번역하여 출판한 것인데, 다른 번역본과는 달리 각 작품에 대한 심도 깊은 해설과 주해를 달아놓음으로써 『필로칼리아』 번역과 내용에 있어서 독보적인 위치를 차지한다. 영역본 『필로칼리아』는 니코데모스 성인의 원본을 20세기 말 세 명의 영어권 정교회 신학자가 공동으로 번역한 것으로서, 한국에서는 은성출판사가 영역본을 번역하여 한국어 역 『필로칼리아』를 총 5권으로 출판하였다.

7. 역자주) *Cours de théologie ascétique et mystique*. 영어판 제목 : Dumitru Staniloae, *Orthodox Spirituality*, trans. by Otilia Kloos et al., St. Tikhon's Seminary Press, South Canaan, PA., 2002

였다. 서방에서는 다소 잊혔던 영적 여정의 한 단계인 '자연 관상'(contemplation de la nature)이 이 책에서는 상당한 위상을 부여받고 있는데, 이것은 과학과 문화의 의미에 관한 그의 이후 연구의 시초가 된다.

1949년 스떠닐로아에 신부는 국립 부쿠레슈티 대학교 정교회 신학부에서 신비 신학을 강의했지만, 사회주의 정권이 신비 신학을 교과 과정에서 배제시킨 뒤부터 1978년 은퇴할 때까지는 교의 신학을 강의했다. 지성인과 수도원에 미친 그의 영향은 엄청나다. 하지만 『필로칼리아』의 간행을 멈춰야했고, 논문이나 교의 신학 교제의 저술에 참여하는 것으로 만족해야 했지만, 그것마저도 참으로 놀랍고 훌륭한 글이었다. 1958년 루마니아가 아직 러시아 소비에트 정권으로부터 독립을 회복하지 못한 상태에서 후르시초프의 반종교 정책의 시험대가 되었을 때, 수도원 운동과 필로칼리아 운동은 꺾이고 말았고, 스떠닐로아에 신부는 체포되어 5년이 넘는 세월을 감옥과 정치범 수용소에 갇혀 있어야 했다. 이 시기를 회상하면서 스떠닐로아에 신부는 "다소 가족들이 힘들었을 것이지만, 그것은 여느 것과 마찬가지로 하나의 체험이었다"고 담담하게 말했다. 또 그는 "일생 동안, 감옥과 정치범 수용소에서 지내던 이 시기만큼 쉼 없이 '예수 이름 기도'를 붙잡고 실천한 적이 없었다"고 덧붙였다.

1964년 스떠닐로아에 신부는 석방되었고 곧바로 부쿠

레슈티 대학교 정교회 신학부 강좌를 다시 맡게 된다. 예전에 루마니아가 오스만 투르크에 지배당하면서도 오스만 제국의 변방에서 그렇게 했던 것처럼, 루마니아 사회주의 정권은 소비에트 제국의 변방에서 점차 소비에트와 거리를 두는 정책을 추진하였다. 무엇보다도 애국주의와 민족적 통합이 강조되었고, 이러한 민족 통합의 노력 속에서 교회는 통제된 것이긴 해도 매우 중요한 위치를 차지하게 되었다. 스떠닐로아에 신부는 다시 일하기 시작했고, 그의 활동은 마침내 열매를 맺게 되었다. 1976년부터 1980년까지 필로칼리아 영성의 지속성과 시사성을 드러내는 서론과 주석이 포함된 『필로칼리아』 역서 5권이 새로 출판되었다. 1978년에는 세 권으로 된 방대한 『정교회 교의학』[8]이 출판되었는데, 이 책은 교부들을 그저 반복하는 것이 아니라 현대 문화의 맥락에서 교부들의 영감을 재발견하게 해주었다. 그것은 그리스도교에 21세기로 가는 길을 열어주는 힘 있는 저작이었다. 동시에 스떠닐로아에 신부는 세계 정교회 지도자들과의 만남과 에큐메니칼 운동에 활발하게 참여하였고, 그의 심오한 신학 사상은 그리스와 프랑스 신학계 및 성공회, 오스트리아 가톨릭교회 신학계에

---

8. 역자주) Dumitru Staniloae, *The Experience of God : Orthodox Dogmatic Theology*, vol. I, II, trans. by Ioan Ionita et al., Holy Cross Orthodox Press, Brookline, MA., 1998, 2000.

서 커다란 주목을 받기 시작하였으며, 벨기에에서는 정교회와의 신학 교류를 활발하게 전개하게 만들었다.

생애 말년 드미뚜르 스떠닐로아에 신부의 신학적 사고는, 그 절망뿐만 아니라 풍요로움과 희망과 성취 안에서 오늘날 인류와의 대화에 집중한 것으로 보인다. 그는 불안에 싸인 고독으로부터 현대인을 빼낼 수 있는 유일한 길인 '사랑의 신학'을, 현대의 첨단 과학의 능력과 학문적 연구에 의미를 부여할 수 있는 유일한 길인 '창조적 사랑의 신학'을 발전시켰다. 이 사랑은 하느님의 마음 그 자체로부터 용솟음치는 것이니, 성 삼위 하느님의 이 신비에 대한 아름답고도 놀라운 언급을 우리는 성령에 관한 아래의 글들을 읽으면서 발견케 될 것이다. 정교회 신학은 '아포파틱'(apophatique)하다. 왜냐하면 그것은 신적 위격들의 헤아릴 수 없는 풍요로움, 그 위격들의 구별성와 통일성, 그 위격들의 사랑의 풍요로움을 찬미하기 때문이다. 하느님 안에서의 이 사랑의 숨결, 이 다정스런 대화는 하느님과 창조된 인간 인격과의 사랑스런 대화, 그리고 그로부터 인간 인격 상호간의 사랑스런 대화를 정초시키고, 시간을 사랑의 역사로, 공간을 타자를 향한 이타적인 개방성으로 만든다. 왜냐하면 인류, 그리고 인류가 책임지고 있는 세상은 성 삼위 하느님의 무한한 친교 안에 들어가도록 부름 받기 때문이다. 십자가에 달리신 '말씀(Verbe)의 케노시스

(Kenosis, 겸비)'⁹는 인류를 존재론적으로 변모시켰으니, 이제 인류는 그리스도 안에서 하나의 성사로서 존재하도록, 그리하여 모든 분리를 없애버리시고 자신 안에 온 우주를 통합시키신 하느님의 무한한 희생의 운동 안에 자신을 새겨 넣도록 부름 받는다. 그럼에도 불구하고 하느님은 강요하지 않으시니, 그분의 무한한 배려는 인간의 자유를 정초하고, 그리스도는 인간의 반역과 절망 안에서조차 언제나 인간과 함께 하신다. 이렇게 해서 살아계신 하느님 안에는, 성인들의 통공 안에서 더욱 확장되는 성 삼위 하느님의 사랑과, 사람들이 그 사랑을 거부할 때마다 계속되는 수난이 언제나 공존한다. 스떠닐로아에 신부는 그레고리오스 빨라마스 성인이 구분한 하느님의 본질과 신적 에너지의 구분 덕분에 현대 서방 신학의 극단적인 케노티즘(kenotism), 겸비주의에 균형을 잡아줄 수 있었다. 그리스도의 몸인 교회는 그 안에 신적 위격들의 친교를 담지하고 확산시킨다. 교회의 '신-인'적 구성은 역사 속에서 하느님의 육화와 인간의 신화를 끊임없이 새롭게 한다. 교회는 "부활을 향해 전진하는 공간이자 부활의 실험실"¹⁰에 다름 아니다.

이렇게 해서 인간의 형성, 개인적 집단적 인간의 형성,

---

9. 자신을 비우신 그리스도. 필립비 2:7 참조.
10. *Dogmatique*, t. II, p. 226.

우주적 인간의 형성에 대한 그리스도교적인 개념이 구체화된다. 그것은 현대사회의 문제제기들, 비록 명시적으로 적시하지는 않았으나 특별히 마르크스주의의 문제제기에 대한 진지하고도 애정 어린 응답이었다. 분명 하느님 없는 세상은 단죄되지 않는다. 그것은 실제로는 하느님을 찾는 세상이다. 대부분의 교부들이 강조했듯이, 타락은 창조된 본성(혹은 자연)에 부상을 입혔지만 완전히 파괴하지는 않았고, 모든 사람은 여전히 하느님의 형상을 띤 무한하게 고귀한 인격으로 남으며, 우주는 비록 죽음을 거치게 되었으나 여전히 하나의 신비로운 언어이고, 사람은 바로 그 언어의 의미 해독을 소명으로 부여받는다. 사물들의 로고스들(logoï), 존재 이유들은 신적 로고스(Logos divin)로부터 빛나고, 우주의 이 신적 주체는 인간 주체 안에 반영되고 있기에, 인간 주체의 이성(raison)은 피조물들의 이성들(raisons), 존재 이유를 이해할 수 있다. 만물을 창조하신 말씀의 육화와 부활은 우주적 형성과 인간 역사를 끌어당긴다. 이제부터 인류는 그리스도 안에서 새로워진 역동성을 발견할 수 있고, 신적 에너지들은 하느님의 형상에 따라 창조된 인간 안에서 그에 상응하는 에너지들을 일깨우며, 그리하여 모든 덕들은 신-인적인 것이 된다.

그리고 스떠닐로아에 신부는 정당하게도 이렇게 주장할 수 있었다.

① 인간은 결코 다른 무엇으로도 환원될 수 없는 하나의 인격이다. 왜냐하면 인간은 친교 안에 있는 실존이기 때문이다.

② 하느님은 결코 인간을 소외시키지 않으신다. 왜냐하면 육화는 인간의 총체적 인간화, 단성론이 아니라 칼케돈 교의의 입장에서의 인간의 신화(déification)를 정초하기 때문이다.

③ 신비주의는 비록 오랫동안 도피주의로 비판되었지만, 실상 그것은 대체할 수 없는 사회 윤리 문화적 창조성을 불러일으킨다. 그래서 서방과 현대 사회를 두려워하고 고발하기만 하는 일부 경직된 정교 신앙에도 큰 교훈이 되었다.

학문은 그 자체로는 지속적이지 않은 '물질'의 신적 '이성들(존재이유)'을 예감한다. 하지만 이 '이성들'은 '의미(Sens)'[11]에 대한, 다시 말해 궁극적 의미에 대한 묵상 안에서만 충만하게 사유될 수 있다. 세상은 말없는 연설, 심지어 부조리한 것이기도 하기에, 사람은 오직 세상을 만물의 참된 이유(Raison)이자 의미(Sens)이신 로고스(Logos)의 선물

---

11. 역자주) Sens는 불어로 감각, 의미 등을 의미한다. 여기서는 궁극적 의미, 신적 감각, 하느님의 느낌 등의 의미로 사용되었기에 대문자로 표기되었다.

로 인정할 때만 그 궁극적 의미를 드러낼 수 있다. 신비주의는 이성주의를 거부하거나 약화시키기는커녕 오히려 그것을 구원하고 그것에 무한한 지평을 열어준다. 노동은 인간과 인간 사이, 그리고 인간과 하느님 사이의 상호교환과 봉헌이라는 이 위대한 흐름 안에서 그 의미를 발견한다. 각 사람, 각 문화는 "형성적인" 본성(혹은 자연)에, 오직 인간 상호간 그리고 인간과 하느님 사이의 "사랑의 양심" 안에서만 결정적인 방식으로 실존하는 그런 본성에 고유한 천재성을 새겨준다.

그리스도 안의 인간은 교회적 인간이고, 그러므로 또한 인류적 인간이다. 그리스도의 위격(hypostase)이 모든 인간을 포괄하듯이, 그리스도의 몸의 통일성 안에서 각자는 모든 타인을 포괄한다. 바로 교회로부터 창조적 사랑이 문화와 사회의 기초들을 기름지게 만들어가야 하는 것이다.

스떠닐로아에 신부는 교회를 하나의 거대하고 다중적인 대화로 초대한다. 학자, 예술가, 기술자, 정치인을 망라한 모든 이들과의 대화 말이다. 그의 관점은 시몬느 베이유가 말했던 것과 같이 '기발함을 간직한 거룩성'의 관점, 그래서 사회적이고 인간-우주적인 실존의 모든 복잡성을 밝혀줄 수 있는 그런 거룩성의 관점이다. 그것은 단지 정교 신앙인만이 아니라 모든 그리스도인에게 요청된다. 전혀 상대주의에 기울지 않고도 근본적인 것과 부차적인 것을 구별할 줄 알았기에, 스떠닐로아에 신부는 정교회의 보편성(catholicité)을 '열려있는 공의회성'으로 인식하였으니, 바로 그 안에서 그가 교회성을 의심하지 않았던 다른 교파들은 자신의 한계성을 탈피하면서도 다양성 안에서 그 자체로 머물며 각자의 긍정적인 성취를 발견할 수 있게 된다.

풍부하지만 또한 그 나선형적 구성을 띤 그의 루마니아어, 지극히 순수하여 거의 시적인 그의 뿌리 언어로 인해 온전히 번역하는 것이 힘들기도 한 그의 작업의 부요함을 우리는 일일이 다 열거할 수 없다. 무엇보다 그것은 창세기의 두 본문, 하느님이 사람에게 살아있는 생물의 이름을 지어주라고 하신 이야기, 아담이 이브의 출현 앞에서 처음으로 경탄의 단어를 쏟아내는 이야기에 대한 주석으로부터 나오는 언어의 신학을 포함한다.

마지막으로 나는 한 가지를 언급하면서 이 서론을 마무리하고 싶다. 무엇보다도 스떠닐로아에 신부는 내게 하나의 현존, 하나의 중보이다. 이 책 서두에서 그가 성인의 빛남을 암시하기 위해 제시한 다양한 특징을, 우리는 그 자신에게 적용할 수 있다. 비록 그는 늘 자신도 위로와 평안을 얻기 위해 그런 성인을 찾아가는 죄인일 뿐이라고 겸손해했지만 말이다. 그렇다. 이 자비로움, 이 부드러움, 타인에 대한 관심, 이 민감성 등이 다 그의 것이기도 했다. 두미뚜르 스떠닐로아에 신부를 만났을 때, 나는 "하느님은 사랑이시다.", "자신의 이웃을 사랑하는 사람은 빛 가운데 거할 것이다."라고 반복하여 말하는 연로한 성 요한 복음사도를 연상하지 않을 수 없었다.

여기서 한 가지 더 그에게서 받은 강한 인상을 덧붙여야겠다. 트란실바니아 사람들은 손으로 하는 것뿐만 아니라 정신을 통해서도 아주 탁월한 성취를 이룬 민족으로 알려져 있다. 스떠닐로아에 신부는 이런 민족의 자질과 덕을 온전히 체화하고 있다. 큰 키, 건장한 체구, 그리고 엄청난 저작활동 등은 어디서도 찾아볼 수 없는 그의 왕성한 작업 능력을 증언해 준다. 나이 들어 몸이 편찮을 때, 그는 오히려 뭔가를 열정을 가지고 시도함으로써 스스로를 치유하곤 했다. 나는 날카롭고 반어적인 지성을 지닌 루마니아의 지성인 속에 있는 그를 보았다. 그들에게 그는 지혜와 품격의 증인이었다. 또 나는 루마니아의 수도자들이 스떠닐로아에 신부가 번역한 『필로칼리아』의 가르침에 따라 살아가고 있는 것을 또한 지켜 볼 수 있었다. 스떠닐로아에 신부는 서방의 청중 앞에서 어떤 메모도 없이 즉석에서 하느님의 자비에 대해 오랜 시간 강연하던 사람이었고, 청중은 그의 평화로움과 빛남으로 인해 강한 인상을 받곤 했다. 그렇게 나는 스떠닐로아에 신부를 만났고 그와의 관계를 지속했다. 나는 이 책이 단지 어떤 위대한 지성인의 것이 아니라 위대한 영성가의 것임을, "생명을 주는 십자가"

의 표지 아래 놓인 헌신적이고 열정적인 삶의 열매임을 확언할 수 있다.

1981년
올리비에 끌레망

1장
세속화된 세상에서의 기도

신앙인에게 기도는 두 말할 나위 없이 필요하고 중요한 것이다. 신앙이 깊으면 깊을수록 기도의 필요성은 더 강하게 다가오기 때문이다. 한편, 한 사람의 신앙은 다른 사람의 신앙에 의해 지탱되며 바로 여기에 성찬예배[12]와 모든 공동체적인 예배의 중요성이 생겨난다. 하지만 우리는 현대 사회에서 신앙이 약화되고 있음을 목도한다. 그 결과로 또한 기도에 대한 무관심도 증대하고 있다. '세속화된 사회'라는 개념은 불신앙으로 가득 찬 사회를 의미한다기보다, 사회 구성원 대다수가 예외적인 경우에만 아주 드물게 기도할 뿐, 더 이상 기도를 실천하지 않는 그런 사회를 지칭한다.

12. 역자주) '성찬예배'는 희랍어 '리뚜르기아(liturgia)'를 번역한 한국 정교회의 용어로서 흔히 가톨릭교회에서는 '미사', 성공회에서는 '성찬예식'이라고 불리는 예배를 말한다. '리뚜르기아'는 성찬의 전례를 포함하는 예식을 뜻하므로 개신교 주일예배 형식의 '예배'는 엄밀한 의미에서 리뚜르기아와는 다르다.

오늘날 기도를 통해 활동적인 신앙을 유지하기 원하는 사람에게는 두 가지 문제가 제기된다. 하나는 불신앙 혹은 미적지근한 신앙으로 가득 찬 주변 세계의 영향으로 인해 신앙이 약화되는 것을 방지하고 자신의 신앙을 지키는 것이고, 다른 하나는 대다수가 기도의 필요성을 잊고 살아가는 사회 속에서 기도 생활을 실천하며 살아가야 한다는 것이다. 옛날 사람들은 자신의 신앙과 기도 실천을 강화시키는 다양한 요소를 사회 속에서 발견할 수 있었지만, 오늘날은 이 사회 자체가 오히려 냉담의 요소, 다시 말해 신앙과 기도 생활을 지켜가고자 하는 사람들이 맞서야 하는 그런 요소가 되어 버렸다.

오늘의 신앙인은 대부분 자기 스스로 신앙을 수호하고 각자에게 적합한 기도생활을 실천하게 해줄 동기들을 찾아야 한다. 비록 주변 사회에 의해 지지받지 못한다 해도, 이 동기를 발견하기만 한다면 우리는 신앙을 보다 심화시키고 기도를 더 불타오르게 만들 수 있다. 그 결과 지극히 개인적인 성찰을 통해 찾아낸 이유를 가지고 자신의 신앙과 기도를 강화시키는데 성공한 사람은, 이제 그 자신이 사회 속에서 신앙의 증진과 기도 생활의 부흥을 이끌어내는 진원지가 될 수 있다. 또한 이를 통해 그는 사회로 하여금 신앙과 기도를 약화시킨 원인이었던 타성에 찌든 피상적 삶으로부터 벗어나도록 도와줄 수 있다. 바꾸어 말하면 그는 자신이 속한 그 사회로 하여금 보다 본질적인 내용들을 발견할 수 있도록, 또한 사회의 뿌리를 삶의 보다 깊은 차원 안에 뿌리 내리게 하여 건강하게 만들 수 있도록 도울 수 있다. 사실 이 깊이 차원의 결여가 인간 실존을 의미없고 단조로우며 획일적인 것으로 만든다.

기도와 성경

정교회의 영적 아버지들은 성경 말씀과 여타 영적인 책에 대한 묵상을 기도를 강화시킬 수 있는 수단으로 여겼다.

시리아의 이삭 성인은 이렇게 말한다.

> "성경 말씀 봉독은 영을 강화시키고 기도를 새롭게 합니다. … 왜냐하면 성경 말씀은 지성에 빛이 되어, 영으로 하여금 섬세함과 지혜를 얻게 해줌으로써, 지성을 바른 길로 인도하고 기도 안에 묵상의 내용을 심어주기 때문입니다."[13]

우리가 성경 말씀을 읽는 순간, 그 말씀을 우리에게 말

---

13. St. Isaac le Syrien, *Τα ευρεθέντα Ασκητικά* (『수덕 강론』), 29, Athènes, 1895, p.123. 참고) 불어번역 : *OEuvres spirituelles*, trad. Jacques Tourelles, Desclée de Brouwer, 1981 ; *Discours ascétiques selon la version greque*, trad. Placide Deseilles, Monastère Saint-Antoine-le Grand / Monastère de Solan, 2006.

씀하시는 하느님의 말씀으로 느낀다면, 성경 말씀은 우리에게 힘을 가진다. 그러면 우리는 그 말씀을 통해서 하느님과 만나고, 우리의 처지와 영적인 단계에 맞게 그분의 호소에 귀 기울이게 된다. 그리고 우리는 이 말씀 안에서 커다란 힘과 늘 새로운 의미를 발견하게 된다. 이렇게 해서 성경 읽기는 기도와 연합된다. 그러므로 자기 자신을 투명하게 만들고 그 말씀 안에 있음을 느끼면서 하느님께 말씀의 내밀한 의미를 열어달라고 간구해야 한다.

그래서 이삭 성인은 이렇게 권면한다.

> "형제여, 그대가 읽는 말씀에 주의를 집중하십시오. 그대가 분투하지 않는다면 발견할 수 없기 때문입니다. 열정을 갖고 끊임없이 두드리지 않는다면, 끊임없이 문 앞에 서 있지 않는다면, 그대는 하느님의 음성을 들을 수 없기 때문입니다."[14]

> "그래서 영혼이 기도할 때는 성경 읽기를 통해 도움을 받을 수 있고, 성경 읽을 때는 기도를 통해 조명 받을 수 있다고 기록된 것입니다."[15]

만일 말씀 묵상이 우리로 하여금 성경 말씀 안에서 하느님을 발견하게 만든다면, 말씀 묵상은 또한 우리에게 세상

---

14. *Τα ευρεθέντα Ασκητικά* (『수덕 강론』). 23, p. 102.
15. *Τα ευρεθέντα Ασκητικά* (『수덕 강론』). 23, p. 98.

에 존재하는 사물들 안에서도 하느님을 발견하게 해준다. 왜냐하면 모든 성경 말씀은 하느님 그 자체가 아니라 세상 만물과 우리의 이웃을 통해서 그분이 우리와 맺으시는 관계에 대해 말하기 때문이다. 이렇게 성경 말씀은 우리에게 세상 만물에 대해서 말하고, 또한 그것을 하느님이 지탱해 주시는 그분의 피조물로 드러내준다. 성경 말씀, 세상 만물, 우리 이웃과 우리 자신을 포함한 모든 사람은 서로 간에 그리고 하느님과 분리될 수 없는 연결 속에 있다. 모든 것이 무릇 우리 양심에 호소하고 있고, 그만큼 하느님의 선물과 부르심으로 우리 양심에 주어진다. 그래서 끊임없이 변화무쌍한 환경은 하느님의 뜻에 따른 삶의 방식을 보여주라고 우리에게 촉구한다.

 이와 같이 우리는 우리의 존재를 무르익게 하라는, 또 영적으로 점점 더 성장하라는, 그래서 우리를 향한 하느님 생각의 풍요로움과 그분의 심원한 사랑을 더욱 충만하게 이해해 나가라는 부름을 받는다. 끊임없이 발생하는 여러 상황과 문제로 가득 찬 우리 삶의 복잡성은, 특별히 하느님의 무한성 안에 뿌리내린, 사물과 인간의 무한하고도 헤아릴 수 없는 특성과 의미를 더욱 부각시킬 뿐이기 때문이다. 사물과 사람의 의미를 더욱 깊이 이해해감으로써 우리는 성경의 더욱 심오한 의미를 발견할 수 있고, 그 역도 마찬가지다. 이 두 종류의 계시를 끊임없이 깊이 깨달아감으로써, 우리는 하느님의 무한한 사랑의 완전 안에서 눈물의 환희를 경험하며 진보할 수 있다.

이삭 성인은 말한다.

"복음서를 읽으십시오. 그것은 그대의 지성이 하느님의 섭리를 인식할 수 있게 하시려고, … 또 하느님의 놀랍고 신비로운 일들에 흠뻑 빠져들게 하시려고, 피조 세계의 이해를 돕기 위해 하느님이 우리에게 주신 선물입니다."[16]

"또한 은총이 사물을 그 진리 안에서 느끼고 볼 수 있도록 그대의 눈을 열어주기 시작할 때, 비로소 그대의 두 눈에는 눈물이 시냇물처럼 흐르기 시작할 것입니다."[17]

사람들과 세상을 하느님께 봉헌하기

우리가 사물이나 타인과 관계를 맺을 때, 하느님의 사랑은 우리 안에서 정화의 힘으로 작용한다. 하느님은 한 사람만을 도우시는 그래서 협소한 경계 안에 갇히신 분일 수 없다. 왜냐하면 그분은 오히려 우리 각자가 만인과의 친교 안에서 그분을 받아들이는 한에서만 자신을 내어주시기 때문

---

16. *Τα ευρεθέντα Ασκητικά* (『수덕 강론』). 23, p. 95.
17. *Τα ευρεθέντα Ασκητικά* (『수덕 강론』). 23, p. 96.

이다. 이렇게 해서 하느님께 가까이 나아간다는 것과 하느님께 자신의 마음을 개방한다는 것은 곧 정화를 의미한다. 왜냐하면 하느님 안에서 우리는 사물과 사람을 그 한계 너머에서, 상호간의 통일성 안에서 보게 되고, 우리 자신을 또한 그와의 친교 안에서 보게 되기 때문이다. 그래서 금욕 수행자 마르코 성인은 사물을 참되게 바라보는 한 가지 방법을 권하는데, 각 사물의 표상이 우리의 생각 안에 나타나는 그 순간 그것을 그리스도께 희생 제물처럼 바치라는 것이다. 사물들의 표상을 그리스도께 바치는 이 봉헌은 우리 존재의 가장 내적이고 가장 예민한 깊이 안으로 그것을 들여보내는 것과 동일한 것이다. 실제로 우리가 세례 받은 후 그리스도는 바로 우리 안의 그 심원 속에 거하신다. 그러므로 우리는 세 가지 측면을 포함하고 있는 하나의 행보에 착수해야 한다 : 그것은 각 사물에 대해 치우치지 않고 참된 방식으로 생각하고, 그리고 그것을 그리스도께 또 그분을 통하여 그분이 사랑하시는 모든 사람에게 바치고, 그리고 마지막으로 우리 안의 중심을 찾고 어떤 것을 생각할 때마다 끊임없이 그 중심을 활성화시키는 것이다.

우리가 보고 생각하는 어떤 사물이나 사람의 표상을 하느님께 바친다는 것은 그 사물 혹은 그 사람으로 인해 하느님께 감사드린다는 것, 하느님께 영광 돌린다는 것, 우리에게 요구되는 책무를 완수할 수 있도록 하느님의 도움을 간구하는 것을 의미한다.

교부들은 이 행위를 기도 혹은 리뚜르기아(예배)라고 불렀다. 그리고 이런 방식으로 우리의 리뚜르기아는 끊임없이 지속될 수 있다. 이렇게 해서 우리는 어떤 표상이든 어떤 만남이든 매번 그것을 끊임없는 기도의 계기로 삼는 습관을 배양할 수 있다. 사물과 존재와의 이 만남은 우리로 하여금 끊임없는 기도와 심지어 끊임없는 리뚜르기아의 상태에 도달할 수 있게 해주는 길인데, 실상 그러한 상태는 모든 것을 성화시킬 뿐만 아니라, 우리의 대사제 그리스도의 끊임없는 기도와 연합된다. 왜냐하면 그리스도는 우리의 제물들을 받으시어 다시 그것을 그분 자신의 희생과 함께 아버지께 봉헌하심으로써 우리를 통해 만물을 성화시키시기 때문이다. 사실 이 기도 형태는 그 안에 있는 사랑을 통해서 정화의 효과를 일으킨다. 그래서 나지안주스의 그레고리오스 성인과 또 그를 따라 시리아의 이삭 성인은 이렇게 말하였다.

"기도는 지성의 정화입니다."[18]

하느님께 자신을 봉헌할 때 일어나는 정화

알렉산드리아의 끼릴로스 성인에 의하면, 사람은 자신

---

18. *Τα ευρεθέντα Ασκητικά* (『수덕 강론』). 32, p. 140.

을 온전히 하느님께 바치는 행위 외의 다른 방식으로는 결코 구원받을 수 없다. 하지만 또한 사람은 누구도, 우리를 위해 끊임없이 순결하고도 온전한 제물로 자신을 아버지께 바치시는 그리스도와 연합하지 않고는 다른 어떤 방식으로도 자신을 순결한 제물로 바칠 수 없다. 우리는 그리스도의 유일한 희생의 행위 안에서 그분과 연합할 때 비로소 그분으로부터 우리 자신을 정화시키고 우리 자신을 봉헌할 능력을 얻는다. "성령과 진리 안에서의 예배"[19], 이것은 끼릴로스 성인의 저작을 지배하는 주된 주제이다. 자기 자신을 하느님께 바치는 사람은 자신의 모든 생각과 행위를 함께 바친다. 그는 온통 하느님 안에서 살아간다.

알렉산드리아의 끼릴로스 성인이 이렇게 자기 자신의 봉헌을 직접적으로 강조한 것은 결코 간과해서는 안 되는 중요한 요소이다. 만일 우리 자신의 인격을 정화하지 않는다면, 우리는 우리의 시선, 사물과 사람에 대한 이미지들, 그리고 그것들과의 관계를 정화할 수 없다. 만일 우리 자신을 드리지 않는다면, 우리는 사물을 또한 하느님께 드릴 수 없다. 우리가 행하는 모든 일에서 먼저 우리 자신을 하느님과의 관계 안에서 바라보는 것, 우리 인격의 이 심원하고도 신비스러운 차원을 의식하는 것은 가장 중요한 일 중 하나이다. 그리고 여기서 인성을 취하시고 그것을 아버

---

19. PG (*Patrologia Graeca* 『희랍 교부 전집』) 68.

지께 드리심으로써 우리 곁에 오신 하느님께서 우리를 도우러 오신다.

각 사물의 표상과 우리의 존재 자체를 하느님께 바쳐야 한다면, 우리와 타인과의 관계를 또한 바쳐야 함은 당연하다. 그리고 이것은 다시 우리의 정화만 아니라 우리와 타인의 관계를 개선함에 있어서도 매우 중요하다. 타인에 대해 조금도 나쁘게 생각하지 않는 것은 대단한 일이다. 이것은 사랑을 가지고, 또 타인의 본질을 규정하는 것일 수 없는 그의 결함에 대한 이해를 가지고, 용서의 감정, 하나의 신비와 교제한다는 감정을 가지고 타인을 생각하고 타인과 교류하는 것을 의미한다. 누군가 내게 혹은 다른 사람에게 어떤 잘못을 범했다는 사실은, 그의 존재의 신비의 헤아릴 수 없는 가치와 의미를, 나에게 주어진 이 풍요로운 선물을, 다른 어떤 것보다 절대적으로 탁월한 이 선물을 감소시키는 것일 수 없다. 타인은 나와 만날 때 신비의 무한한 저장소로 드러나기 때문이다.

이삭 성인은 말한다.

> "합당한 사람과 합당치 못한 사람을 구별해서는 안 됩니다. 선(善)으로 모든 사람을 동등하게 여겨야 합니다. 이 세상에서 당신은 그런 합당치 못한 사람도 선으로 이끌 수 있기 때문입니다. 주님은 세리와 창녀들과 밥상을 함께 나누셨습니다. 그분은 합당치 못한 사람이

라고 해서 멀리하지 않으셨습니다. 그것은 모든 사람이 하느님을 경외하도록 이끌기 위한 것이었고 또 그들을 물질적 호의를 통해 영적인 복락으로 이끌기 위한 것이었습니다."[20]

나의 이웃은 내게 가장 복잡한 문제들을 일으킨다. 그들과의 만남은 언제나 새로운 상황을 만들어 낸다. 하지만 나는 이 모든 문제 안에서 사랑을 증진시키라는 하느님의 부르심을 본다. 하느님의 이 부르심에 응답함으로써 나는 그분과 나 사이의 끊임없이 새로운 대화를 받아들인다. 우리가 처한 모든 상황에서, 내 이웃의 표상을 하느님과 나의 관계 안에 위치시킴으로써, 나의 영적 성장을 위해 내게 이 이웃을 주신 것에 대해 하느님께 감사드리고, 또한 나뿐만 아니라 내 이웃의 영적인 성장을 위해서 내 이웃의 새로운 필요에 대해 그분의 도움을 간청함으로써 나는 하느님께 응답한다. 더 나아가 나는 내 이웃이 매번 새로운 상황에서 그의 실존의 의미를 깨달을 수 있게 도와달라고 기도한다.

기도 - 이웃을 향한 다리 놓기

이 글에서 다뤄져야 할 두 번째 요점은 나의 기도가 오

---

[20]. *Τα ευρεθέντα Ασκητικά* (『수덕 강론』). 32, p. 99.

늘날과 같은 세속화된 사회에서 과연 사회관계에 유익한 효과를 가져올 수 있을까를 살펴보는 것이다.

이 사회의 특징 하나는 이 사회를 살아가는 사람은 하느님에 대한 관심이 부족하지 않았던 이전 사회보다 훨씬 더 외로움을 느끼고 있다는 사실이다. 신자들은 아마도 과거보다는 오늘날 기도의 필요성을 더 느낀다. 왜냐하면 견딜 수 없는 이 외로움에서 벗어나는 길이 바로 기도이기 때문이다. 사람은 바로 기도 안에서 하느님과의 친교 수단을 가진다. 기도 안에서 사람은 모든 것을 통해 자신과 대화하시는 하느님 그분 자체를 모시게 되고, 또 그는 모든 것을 통해 하느님을 보고 듣는다. 기도하는 사람은 하느님의 무한한 인격적 현실 안에서 자신의 뿌리를 인식하게 되고, 그래서 단지 지상적인 지평 안에 갇혀있는 삶, 그런 삶의 피상적인 흐름에 출렁대지 않는다. 그는 자신의 삶을 무한한 내용으로 채울 수 있다.

기도하는 사람은 세속화된 사회 안에서 발견할 수 있는 부서지기 쉬운 피상적인 다리보다 훨씬 견고한 다리를 이웃을 향해 놓을 수 있다. 기본적으로 오늘날 모든 사람은 그 어느 때보다도 그런 다리를 소망한다. 하지만 그들은 이 다리가 오직 기도를 통해서만 발견될 수 있다는 것을 아직 찾지 못하고 있다. 우리의 확신에 따르면, 기도하는 사람은 그런 다리를 놓고 제공해줄 수 있을 뿐만 아니라,

타인의 마음을 열어 그 다리를 받아들이게 할 수 있고, 또 그들 자신의 사랑의 소통을 통해 기도하는 이를 사랑의 소통에 응답하게 할 수 있다.

시리아의 이삭 성인은 말한다.

> "이웃을 만날 때, 최선을 다해 애써 그를 공경하십시오. 그의 손과 발에 입 맞추고, 그가 갖추지 못한 덕이라도 그를 칭송하십시오."

> "죄인을 사랑하고 그들의 잘못 때문에 그들을 미워하지는 마십시오."

> "이렇게 또 유사한 방법으로 당신은 그들을 선으로 이끌 수 있습니다."[21]

이웃에게 응답하기, 하느님께 응답하기

각 사람이 말을 통해 다른 사람과 맺는 관계는 너무도 절대적이다. 그래서 나는 무조건적으로 타인의 호출에 응답해야 하고 나 또한 무조건적으로 타인을 호출해야 한다. 어떤 사람도 그 호출에 대한 응답에서 벗어날 길이 없고, 다른 사람의 대화 요청에 대한 응답을 회피할 수 없다. 만약 내가 응답하길 부정한다면, 나는 불안을 피할 수 없다.

21. *Τα ευρεθέντα Ασκητικά* (『수덕 강론』). 6, p. 30.

언어를 통한 우리 관계의 이 절대적 특징은 우리가 말씀이신 하느님을 통해 연결되어 있음을 의미한다. 하느님은 타인의 호출을 통해 나를 호출하시고, 나는 하느님께 하듯 내 이웃에게 응답해야 한다. 하느님은 나를 호출해야하는 상황 안에 내 이웃을 놓으셨고, 또한 그에게 응답하고 또 그를 호출해야하는 의무를 지워 나를 그의 면전에 내세우셨다. 우리가 서로의 긍정적인 응답을 통해 만들어내는 기쁨은 하느님에게서 우리에게 온 기쁨이고 또 하느님을 통해서 주는 기쁨이기도 하다. 그러므로 말을 통한 우리의 연결은 사랑 안에서 완전해질 것을 요구한다. 이웃은 나를 향한 하느님의 살아있고 또 생명을 주는 존재론적 말씀이고, 또 역으로 나는 내 이웃을 향한 하느님의 살아있는 또 생명을 주는 존재론적 말씀이다.

이웃이 나를 호출할 때, 그가 나를 필요로 함을 알게 될 때, 나는 하느님을 생각하면서 혹은 그 이웃의 현존과 관심을 기뻐하면서, 하느님의 명령을 듣고 그 선물과 그 이웃을 통해 내게 하시는 말씀으로 인해 하느님께 감사한다. 이웃과 나누는 나의 대화는 동시에 내가 그리고 그가 하느님과 나누는 대화이다. 하지만 이 대화는 우리 인간 사이의 것이든, 우리 각자와 하느님 사이의 것이든, 오직 기도의 형태 아래서만, 다시 말해 내가 기도의 영 안에서 타인의 호출을 듣고 그에게 응답할 때, 또 이 대화의 분위기 안에서 또 어떻게 하면 섬길 수 있을까 하는 마음으로 내가 기도할 때 비로소 완전한 방식으로 성취된다. 나는 대화에서처럼 기도 안에서 타인에게 가장 충만한 방식으로 공감하게 된다.

일반적인 대화와 기도의 영으로 성숙된 참된 대화는 단지 입으로 말하는 행위만 아니라 서로 돕는 행위 혹은 자비의 행위로 구현된 말씀을 통해서도 수행된다. 우리는 행위를 통해서 서로에게 또 하느님께 더 많은 것을 바칠 수 있다. 이것이 바로 타인을 위한 기도가 타인을 위한 행위나 자비와 결합되어야 하는 이유이다.

시리아의 이삭 성인은 말한다.

> "자비만큼 하느님의 마음에 가까이 갈 수 있는 것은 없습니다."

> "만일 하루에 필요한 것 이상을 가지고 있다면, 가난한 이들에게 나눠주십시오. 그런 다음 용기를 내서 그대의 기도를 아뢰십시오."[22]

> "세상을 향한 하느님의 자비를 느낄 수 있을 만큼 당신 안에서 자비가 커지길 원하십시오."[23]

---

22. *Τα ευρεθέντα Ασκητικά* (『수덕 강론』). 23, p. 99.
23. *Τα ευρεθέντα Ασκητικά* (『수덕 강론』). 34, p. 151.

타인을 위한 기도는 그의 고통을 자신의 고통처럼 느끼는 그런 자비와 연민의 마음으로 행해져야 한다. 이를 통해 타인을 자신 안에 담고 하느님 앞에 나서게 되고, 하느님께 다가갈 수 있다. 하느님은 오직 타인의 고통을 자기 것으로 삼는 그런 사랑 안에서만 만날 수 있는 분이시다. 하느님은 사랑이시기에, 그분은 오직 타인을 향한 사랑의 상태 안에서만 경험될 수 있는 분이시다. 바로 여기서 서로를 위해 기도하게 해주는 평신도의 보편적 사제직이 드러난다. 이를 통해 우리는 공동체의 모든 신자를 위해 바치는 사제의 기도를 이해할 수 있게 된다.

타인을 위한 온전한 기도는 그를 향한 아픔, 희생, 행위의 선물이 동반되는 기도이다. 이 희생의 상태에서만 나는 그 희생의 능력의 원천이신 그리스도와 함께 하느님 안에 들어간다. 나는 타인을 향한 사랑과 자비를 통해서 나를 하느님 안에 그리고 타인 안에 확립하고 그렇게 하여 자비와 사랑이신 하느님에 참여한다.

나는 오직 타인을 향한 희생과 자비의 감성을 통해서만, 그 자체로도 사랑과 자비로 충만한 향기인 신성의 영역 안으로 마치 향기처럼 스며들어갈 수 있다.

2장
헤지카스트의 길

1. 자애로움과 거룩함

 인간 본성은 한 성인(聖人)의 인격 안에서, 관계들 속에서 보여주는 그의 개방성과 타인에 대한 지극한 관심을 통해서, 그리고 그리스도께 신속하게 자신을 내어 놓는 그의 위탁을 통해서 치유 받고 새로워진다. 이 새로워진 인간 본성은 구체적으로 어떻게 드러나는가? 성인은 각각의 인간 존재에 대해 세심하고 투명하고 순결한 생각과 감정을 가지고 대한다. 그의 세심함은 동물과 사물에까지 미친다. 그는 모든 피조물을 하느님의 사랑어린 선물로 보고, 이 선물을 함부로 혹은 무관심하게 다뤄 그 사랑이 상처받는 것을 원치 않기 때문이다. 그는 각각의 사람, 각각의 사물을 존중한다. 어떤 사람, 어떤 생물이 고통 받으면, 그는 깊은 연민을 느낀다.
 성인이 갖는 연민에 대해 이삭 성인은 이렇게 말한다.

"연민으로 충만한 영혼과 마음이란 무엇입니까? 그것은 모든 것, 즉 인간과 새와 동물과 파충류에 대해서, 심지어 악마에 대해서도, 속이 타고 애가 끓는 마음입니다. 그것들을 생각하거나 보기만 해도 성인은 눈물을 흘립니다. 성인의 마음에서 흘러넘치는 이 엄청나고 강렬한 자비심은 하나의 피조물이 입은 아주 작은 상처, 표시도 나지 않는 작은 상처를 보는 것도 견딜 수 없게 만듭니다. 또한 그는 동물을 위해, 진리의 원수를 위해, 그에게 악행을 저지른 이를 위해 쉼 없이 눈물을 흘리며 기도합니다."[24]

체르니카 수도원의 칼리니코스 성인[25]은 수도원에서 나와 도시의 거리를 다니다가 구걸하는 사람들을 만나면, 그때마다 주변에 있던 사람을 향해 울면서 "예수님의 작은 형제에게 나눠주게 돈을 좀 주십시오."라고 말하며 그 자신도 구걸했다고 한다.

이 연민은 완고함, 무관심, 거칢과는 너무도 상반되는 지극히 자애롭고 정다운 마음을 드러내준다. 이 연민은 또한 완악함이 죄와 욕망으로 인해 생겨난 것임을 우리에게 보여준다. 성인의 행동과 생각 가운데서, 우리는 어떤 비

---

24. *Τα ευρεθέντα Ασκητικά* (『수덕 강론』) 81, p.306.
25. 칼리니코스 성인(1787-1868)은 루마니아 정교회의 성인으로서 부쿠레슈티 인근의 체르니카 수도원에서 수도생활에 전념하다가 후에 주교가 되었다.

속함, 천박함, 인색함도 찾아 볼 수 없다. 어떤 오염의 흔적이나 진실의 결핍도 찾아볼 수 없다. 성인에게서 섬세함과 민감함과 투명함은 절정에 이르고, 그것들은 순결함, 사람들에 대한 너그러운 관심, 그리고 자신의 전 존재로 사람들의 문제와 고통에 참여하는 개방성과 결합된다. 이 모든 특성 안에서, 인간의 가장 탁월한 구현이 드러난다.

사실 이 최상의 자애로움 안에는 습관적이고 냉담하고 형식적인 고상함과는 한참 거리가 먼 정감 가득한 기품과 고상함이 존재한다. 이 자애로움은 가장 비천한 사람과의 접촉도 마다하지 않으며, 다른 이 같으면 체면 깎이는 일이라고 여길 그런 상황에도 놀라지 않는다. 이 자애로움의 모델은 바로 그리스도의 케노시스, 낮아지심, 친절하심이다. 그리스도는 죄인과 멸시받던 여인조차도 멀리하지 않으셨다. 그리스도의 이 낮아지심은 지극한 자애로움이다. 여기서 바로 비천한 이들을 주눅 들지 않게 하시려는, 그들을 불편하게 하지 않으시려는 의지가 드러난다. 케노시스를 통하여 그리스도는 그들의 마음에 가 닿을 길을 여시고자 하셨다. 자애로움을 통하여 그분은 그들로 하여금 그들의 난폭성을 벗어 던지게 하려 하셨고, 그들을 계속해서 냉혹함 속에 있게 하는 것과 단절케 하려 하셨다. 그런 냉혹함 안에는 언제나 열등한 자에 대한 멸시가 우월한 자에 대한 질투와 짝을 이루며 공존하기 마련이다.

그리스도는 그 자신의 겸비를 통해서, 참된 인간의 부드러운 본질을 마치 조개껍질처럼 덮고 있는 난폭성과 냉혹성의 벽이 무너져 내리길 원하셨다.

성인들의 행동에 스민 자애로움은 그리스도의 '케노시스'로부터 영감을 얻는다. 동시에 그들은 자애로움이 인간관계를 지배하게 될, 새로운 차원의 미래적 인간의 선구자들이다. 왜냐하면 사람은 이제, 자신이 실현한 외적 평등에 만족할 수 없게 되었고, 그래서 자애로움이 깊이 스며든 더욱 탁월한 수준의 상호관계를 지향하게 되었기 때문이다.

성인은 인간이 되신 하느님이 사람에게 보여주신 이 공감에 참여하고, 그래서 하느님의 감성으로 양육된 더욱 예민해진 감성의 양심 덕분에, 타인의 영혼의 가장 은밀한 상태까지도 알게 된다. 또한 그로 하여금 자신의 연약함을 이겨내고 모든 난관을 극복할 수 있도록 최선을 다해 도우면서도, 그에게 반발심을 일으킬 수 있는 것을 피할 수 있게 된다. 이런 까닭에, 사람들은 성인을 찾아가서 그들의 가장 내밀한 비밀을 토로한다. 왜냐하면 성인은 그들의 고백과 소망 속에서 그들에게 필요한 모든 선한 것을 읽어낼 수 있기 때문이다. 성인은 그들에게 필요한 것을 채워주기 위해 노력하고 자신의 전체를 내던진다. 뿐만 아니라 성인은 타인의 지극히 내밀한 불결함, 가장 교묘하게 감춰

진 것도 다 꿰뚫어 본다. 그래서 성인의 연민은 그 순결성의 부드러운 힘으로, 또 타인의 악한 의도 혹은 타락한 욕망으로 인해 겪는 성인 자신의 내적 고통을 통해서, 타인을 정화한다. 성인은 언제나 이 고통을 품고 산다.

이 모든 상황에서, 성인은 언제 말을 해야 하는지, 또 무슨 말을 해야 하는지, 또한 침묵해야 할 때는 언제인지, 무엇을 해야 하는지를 안다. 우리는 성인이 지닌 고귀한 자질의 또 다른 표현인, 이 신중한 분별력을 일종의 '사목적 유연성'이라 여길 수 있다.

성인에게는 언제나 관대함, 자기희생, 주의 깊음, 배려 등과 같은 정신이 빛난다. 자기에 대한 염려라고는 찾아볼 수 없다. 그 같은 정신은 타인을 따뜻하게 해준다. 그 따뜻함은 기운이 솟게 해주고, 결코 혼자가 아니라는 기쁨을 맛보게 해준다. 성인은 언제나 희생될 준비가 된, 타인의 고통을 수용할 준비가 된 흠 없는 어린양이며, 또한 누구나 기댈 수 있는 견고한 방벽이다. 이렇게 타인의 운명에 깊이 관여하면서, 성인은 때로는 이것을 철저히 숨기기도 하고, 때로는 정반대로 다 드러내기도 한다. 타인과의 관계에서 성인이 완전한 무욕의 경지를 보여준다는 것은 새삼 말할 필요도 없다.

더 나아가, 성인은 누구보다도 겸손하고 인위적이지 않으며, 자유롭고 자기자랑을 멀리하며, 그 행동에 있어서 자연스럽다. 성인은 참으로 인간적인 모든 것을 수용하고 이해한다. 그 위대함을 자랑하지 않을 때에야 비로소 참으로 위대해지는 우리의 인간성을, 정말 하찮고 때로는 우스꽝스럽기까지 한 모든 상황을 성인은 다 받아들이고 포용한다. 이렇게 성인은, 즉각적으로 자신과 타인 사이에, 화목하고 가깝고 친밀한 분위기를 만들어낸다. 이렇게 하여 성인은 타인들과 참으로 인간적인 관계를 형성하고, 그 관계 안에 진실함을 아로 새긴다. 왜냐하면 성인 자신이 이미 깊고도 깊은 참 인간이 되었기 때문이다. 성인은 자애롭게 말한다. 지목하여 타인의 결점을 들춰내는 법이 없다. 성인은 타인이 그와 직접적이고 솔직하고 열린 관계를 맺을 수 있는 조건을 스스로 만들어낸다. 이렇게 하여 성인은 사람들이 자신의 연약함과 죄를 진지하게 고백하도록 자극하고, 또 그들에게 그것을 이겨낼 수 있는 힘을 제공해 준다.

성인은 순결한 단순성에 도달한 사람이다. 왜냐하면, 고백자 막시모스 성인의 말처럼, 성인은 내면 안에 있는 모든 이중성, 모든 복합성을 넘어서기 때문이다. 그는 영혼과 몸, 선한 지향과 성취한 업적, 가시적인 외양과 숨어있는 생각, 허풍과 본 모습 사이의 모든 충돌과 어긋남을 넘어선다. 그는 하느님께 전적으로 자신을 다 내어 놓았기 때문에 단순해진다. 이런 까닭에 성인은 사람과의 관계에서도 자신을 온전히 내어줄 수 있다. 성인이 종종 지극히 마땅함에도 불구하고 사람들의 결점을 지목하여 질책하지 않는 것은, 그들을 절망에 빠뜨리지 않기 위해서, 또 그들 안에서도 신중함, 세심함, 인정할 줄 아는 용기, 단순함, 진지함이 자라나게 하기 위해서이다.

성인은 언제나 용기를 준다. 때때로 그는 이를 위해, 사람이 너무 과하게 자신의 결점이나 죄나 욕망에 집착하지 않도록 돕는다. 성인은 사람을 절망 혹은 완전한 무력감에서 다시 일으켜 세운다. 하지만 성인은 또한 사람의 교만한 마음을 아주 기발한 유머로 끌어내린다. 성인은 미소 짓지만, 박장대소하거나 비웃지 않는다. 다른 한편, 성인은 부도덕한 행위, 정죄될 만한 욕망에 대해 매우 엄해지지만, 그렇다고 해서 두려움을 조장하지는 않는다. 성인은 겸손한 사람을 귀하게 여긴다. 하느님의 아들 자신이 육화하심으로써 무한한 가치를 지닌 겸손을 모든 사람에게 제시해 주셨기 때문이다. 영적 교부들이 금언처럼 반복하여 강조했듯이, 성인은 각 사람에게서 그리스도를 본다. 하지만 그는 동시에 스스로 겸손의 모범을 보임으로써 타인의 교만을 낮춘다. 이렇게 성인은 끊임없이 모든 사람 안에 본성적인 동등함을 확립한다.

성인은 겸손하기 때문에 사람 눈에 잘 띄지 않는다. 하지만 그는 도움과 위로와 격려가 필요할 때면 언제나 곁에 있어준다. 성인은 모두가 버리고 떠난 이의 곁에 머문다. 누군가를 절망의 상황에서 끌어내야 할 때면, 성인에게 넘지 못할 난관이나 극복하지 못할 장애는 없다. 그럴 때면 그는 침착함, 요지부동한 확신과 함께 놀라운 힘과 재주를 보여준다. 왜냐하면 성인은 간절한 기도로 요청할 때 하느님이 도우실 것임을 굳게 믿기 때문이다.

성인은 가장 인간적이고 가장 겸손한 사람이면서 동시에, 또한 비범하고 놀라운 사람이다. 성인은 타인이 성인 자신 안에서 또 성인 자신을 통하여, 타인 자신 안에 있는 참된 인간성을 발견할 수 있도록 자극한다.

이 인간성은 원래의 참 모습 대신에 너무나 두꺼운 가식과 과시의 외피로 덮여 있다. 그리고 그 외피가 벗겨지기라도 하면 너무도 부자연스러워 당혹하게 된다. 성인은 가장 친절한 사람이며, 동시에 모르는 사이에 타인도 그렇게 되게 만드는 사람이다. 성인은 가장 관심을 끌고 또 존경심을 야기하는 사람이다. 성인에게 다가가는 이들 누구에게나 성인은 가장 내밀한 존재이다. 성인은 당신을 가장 잘 이해하는 사람이며, 그 곁에 있으면 가장 편안한 사람이며, 동시에 당신 자신의 도덕적 불완전함과 당신이 외면하고 싶은 죄를 직면하고 바라보게 함으로써, 당신 자신이 얼마나 작고 보잘것없는 존재인지를 깨닫게 해주는 사람이다. 성인은 위대하고도 단순한 순결함으로, 또 따뜻하고 선한 관심으로 당신을 충만하게 채워준다. 성인은 당신 안에 부끄러움의 감정을 일으킨다. 당신이 도덕적으로 얼마나 저급한 수준에 있는지, 또 당신의 인간성이 얼마나 심각하게 파괴되었는지, 또 당신이 얼마나 불결하고 가식적이고 위선적이며 비열한 존재인지를 깨닫게 해주고, 그것으로 인해 부끄러워하게 한다. 당신 자신과 성인을 언뜻 비교해 보기만 해도, 이 모든 것은 너무도 분명하게 부각된다.

성인은 세상에서 통용되는 지배 수단을 사용하지 않는다. 그는 엄하게 명령하지도 않는다. 당신 안에는 그에 대한 어떤 비판도 떠오르지 않는다. 당신 안에는 그에 대한 어떤 반발심이나 반감도 느껴지지 않는다. 왜 그런가? 당신에게 성인은, 자애로우시고 동시에 강하신 그리스도의 인격을 구체적으로 드러내주는 살아있는 형상이기 때문이다. 마찬가지로 당신은 성인에게 무엇을 숨기지도 그를 피하지도 않는다. 아니 어쩌면, 당신은 준엄하게 명령하는 사람보다 오히려 그를 더 피하고 싶을지도 모른다. 왜냐하면 당신은 성인 안에서 이 꺾이지 않는 신념, 그의 인격과 선의 완전한 일치를 느끼기 때문이다. 그가 보여주는 신념과 삶과 의견과 충고 안에 배어있는 이 확고함은 조금도 긴장이 배어있지 않은 확고함이기 때문이다.

그런 까닭에, 무엇을 해야 할 지에 대해서, 성인이 지극한 자애로움을 가지고 당신에게 제시한 견해와 충고는, 정말 역설적이게도, 이 땅의 그 어떤 지시나 명령보다 더 정언적인 명령이 되고, 그것을 실천하기 위해서라면 그 어떤 노력이나 희생도 감수할 수 있게 된다. 왜냐하면 성인의 자애로움은 동시에 확고함이고 선함이기 때문이다. 확고함과 선함은, 하느님의 빛 안에서 서로를 비추고 있기에, 절대적 권위이지만 지극히 부드럽게 관철되는 신적인 절대선의 질서를 투명하게 드러내준다. 마찬가지로 성인의 충고는 하나의 해방으로 관철된다. 성인은 당신이 지금 경험하고 있는 왜곡과 무력함으로부터 그리고 당신을 지배하고 있는 이 불신으로부터 당신을 해방시킨다. 당신은 성인의 권면을 큰 힘으로 느낀다. 성인의 충고를, 당신 자신의 멸망을 그저 넋 놓고 바라보아야 했던 무력감에서 당신 자신을 건져내기 위해 반드시 따라 나서야할 구원의 길 위에 빛나는 빛으로 느낀다.

당신은 또한 권능과 빛의 궁극적 원천에서 뿜어져 나오는 또 다른 권능과 빛, 그리고 선의 궁극적 원천에서 흘러나오는 또 하나의 선이 성인을 통해서 당신에게 오는 것을 느낀다. 당신은 마치 누설되면 해가 되는 비밀을 다른 사람이 알게 될까봐 두려워하듯이, 성인이 그 투시력으로 당신의 영혼을 파고들지나 않을까 두려워한다. 하지만 또한 당신은 마치 매우 유능하고 친절한 의사의 시선을 기대하듯 성인의 시선을 기다린다. 흐릿하게 느끼고 있지만 실상은 치명적인 당신의 질병을 고치기 위해, 다른 누구보다 성인이 가장 정확한 진단과 처방을 내려줄 것임을, 정작 당신은 너무도 잘 알고 있다.

성인의 자애로움과 부드러움과 겸손 안에서, 당신은 어떤 능력을 느낀다. 지상의 그 어떤 권능도 성인의 이 능력을 꺾을 수 없고, 그의 순결함, 하느님과 사람에 대한 그의 사랑, 하느님께 오롯이 자신을 내어주려는 의지 그리고 사람이 구원받도록 돕고자 하는 그의 뜻을 빼앗을 수 없다.

성인에게 다가가는 사람은, 선과 순결함의 절정을 그에게서 발견한다. 그리고 그 선과 순결성은 겸손이라는 베일에 덮여있기에 오히려 더 매력적이다. 그래서 그의 포기와 금욕과 사람 사랑의 업적을 다 밝혀내어 알리려면, 대단한 노력이 필요하다. 하지만 성인의 위대함은 그에게서 뿜어져 나오는 선과 단순성과 겸손과 순결성의 자연스런 표출을 통해서도 여지없이 드러난다. 그의 높여짐은 그의 가까이 있음과 늘 함께 한다. 성인은 '케노시스' 안에 드러나는 위대함의 예증이다. 성인의 인격에서는 그 무엇도 흔들 수 없는 고요와 평화가 빛난다. 그러나 이 고요, 이 평화는 치열한 투쟁을 통하여 획득되고 유지된다. 동시에 성인은 타인의 고통을 보면 눈물을 흘리며 그것을 자신의 고통으로 받아들인다. 성인은 육화하신 하느님의 사랑과 고통이라는 견고성 안에 뿌리 내린다. 고백자 성 막시모스의 말대로[26], 성인은 멜기세덱처럼 하느님의 현존을 전적으로 드러내는 존재이기에, 그리스도 안에서 비로소 모든 사람들이 누릴 수 있게 된 하느님의 영원한 권능과 선 안에 굳게 자리 잡는다. 성인이 하느님과 사람에 대한 영원한 사랑 안에 늘 머물러 있다는 것은 그가 사람의 고통, 사람의 선한 열망에 참여하는 것을 배제하지 않는다. 그리스도가 언제나 사람을 위한 희생의 상태 안에 계시듯이, 또 천사들이 끊임없이 하느님을 섬기는 일에 종사하듯이 말이다. 고통 받는 사랑, 구원하는 사랑 안에 머무는 것 자체가 또한 하나의 영원성, 살아있는 영원성이기 때문이다. 바로 이것이 정념의 이집트에서 탈출한 성인이 들어가는 '쉼'이요, 안정이요, '안식'이다.[27]

그것은 어떤 감정도 없는 '열반'(Nirvana)과 같은 안식이 아니다. 왜냐하면 인간에 대한 하느님의 사랑, 그 흔들림 없는 사랑의 영원성 안에서 성인이 누리는 쉼은, 다른 사람도 그 영원으로 끌어당기고 또 이렇게 하여 그들이 용기를 가지고 그 고통을 극복하고 절망에 빠지지 않도록 도와줄 수 있는 그런 능력을 가지기 때문이다. 바로 이런 이유에서 성인은 종말론적 완성을 향해 나아가는 인류에게 선

---

26. St. Maxime le Confesseur, *Ambigua*, PG 91, 1144.
27. 히브리 3:18~4:14

구자요, 튼튼한 지주이다.

  성인은 시간 속에 강렬하게 현존하지만 동시에 시간을 이긴 존재다. 이렇게 하여 성인은, 하늘에 계시면서 동시에 엄청난 능력을 가지고 우리와 함께 계시는 그리스도를 최대한으로 닮아간 존재이다. 자신 안에 그리스도를 품은 성인은 사람의 구원을 위한 굴하지 않는 사랑의 능력을 드러낸다.

  성인은 인간의 저급한 차원 혹은 비인간적인 요소로부터 정화된 인간 존재를 보여준다. 그는 야수성에 의해 손상된 인간성으로부터 복원된 인간 존재이다. 성인은 그 회복된 투명성을 통해서, 한없는 선과 권능과 무한한 감성의 신적 모델이신 육화하신 하느님을 볼 수 있게 해주는 인간 존재이다. 그는 사람이 되신 살아계시고 인격적인 절대자의 회복된 형상이다. 성인은 하느님 안에서만 완전에 이를 수 있는 그의 겸손을 통해서 고상함과 동시에 친밀함의 정상에 오르게 된 존재이다. 성인은 하느님과 그리고 사람과 전적으로 개방되고 끊임없이 이어지는 대화를 수행하는 존재이다. 성인은 인간성이 완전에 도달하게 될 신적인 빛을 우리에게 반사해주는 찬란하고도 청명한 새벽빛이다. 성인은 그리스도의 신화된 인성의 총체적인 반영이다.

2. 순수 기도 혹은 마음의 기도, 그리고 기도의 장애물

여기서 언급하는 내용 중 일부는 루마니아의 한 수도자로부터 전해들은 지식이다. 그는 동방교회 교부의 영적 전통 안에 폭넓게 확립된 이 기도를 실천한다. 하지만 또 일부는 이 가르침에 대한 나의 숙고를 포함하게 될 것이다.

순수 기도에서는 지성(νους)과 마음(καρδια)을 하나로 모으는 것이 관건이다. 지성은 혼자 있으면 안 되고, 마음 또한 홀로 있으면 안 된다. 생각만 동원하여 드리는 기도는 차가운 기도이다. 마음만을 통하여 드리는 기도는 순전히 감상적인 기도이다. 이런 기도는 하느님께서 그리스도 안에서 우리에게 주신 모든 것, 주시고 있는 모든 것, 그리고 앞으로 주실 모든 것에 무지하다. 그것은 지평과 전망도 없는 기도이다. 그런 기도 안에서는 왜 하느님께 감사드리는지, 왜 그분을 찬양하는지, 또 무엇을 그분께 간청해야 하는지 모른다. 이런 기도를 드리는 사람은 자신이 비인격적 무한성 안에 사라지고 마는 것 같은 느낌을 갖는다. 그것은 기도가 인격적인 하느님을 체험하게 해주는 것임을 무시하는 감정이다. 그러므로 그것은 기도라 할 수 없다.

그런데 지성과 마음의 이 만남은 마음이 지성 안으로 올라감에 의해서가 아니라 지성이 마음 안으로 내려옴을 통해서 일어나는 것임을 다시 한 번 분명히 해야 한다. 지성 안에서 마음이 쉼을 얻는 것이 아니다. 그와 반대로 지성은 그토록 간절히 찾던 쉼을 '마음' 안에서, 하느님의 심연과 결부되어 있는 '마음의 심연' 안에서 발견한다.

교부들은 당연히 지성이 하느님의 무한성에 자신을 개방하는 것에 대해 말한다. 하지만 지성은 다름 아닌 이 마음 안에서 하느님의 무한성에 자신을 개방한다고 말할 수 있다. 하느님 추구를 통해서 지성은 마음의 심연을 살아있게 하고 이 심연을 참된 무한이신 하느님을 위한 심연으로 삼는다. "심연은 심연을 부른다."[28]

하느님의 무한은 그분이 우리에 대해 품고 계시는 사랑 밖에서는 결코 경험될 수 없다. 우리를 향한 하느님의 이 사랑은 우리의 사랑을 부르고, 우리의 사랑은 사랑의 기관인 우리의 마음 안에서 다시 하느님을 경험하게 한다. 하

---

28. 역자주) 우리말 공동번역 성경 시편 42편 7절에 해당하는 구절로, 칠십인(LXX)역 시편 41편 8절의 직역이다 : "ἄβυσσος ἄβυσσον επικαλειται εἰς φωνεν των καταρρακτων σου".

지만 이 마음은, 그 안에 들어온 지성 덕분에, 이 무한은 인격적 하느님의 무한이라는 것, 그리고 하느님은 그리스도를 통하여 우리와 친밀한 관계 안에 들어오신다는 것을 알고 있는 마음이다. 이것이 바로 지성이 마음 안에서 쉼을 얻는 이유이다. 마음 안에서 지성은 하느님의 무한을 발견한다. 마음이 지성 안에서 쉼을 얻는 것이 아니다. 왜냐하면 이렇게 된다면 하느님의 무한에 대한 감정은 사유에 의한 이론처럼 차가운 것이 될 것이기 때문이다. 사유에 의해 감정이 차가워져야 하는 것이 아니라, 반대로 사유가 마음의 감정 안에서 따뜻해져야 하고, 마음 안에서 하느님의 무한과 실제적으로 접촉하여 이 감정에 구체적인 내용을 부여해야 한다.

더 정확하게 말한다면, 마음 안에 내려간 지성은 더 이상 관념들을 매개로 하여 하느님을 만나는 것이 아니라, 오히려 지성이 생각해 왔던 것을 실재 안에서 확인할 수 있게 해주는 그분의 현존에 대한 감각을 통해서 하느님을 만난다. 여기서 만질 수 없는 실재에 대한 '지성의 감각'은 하느님의 즉각적인 현존 안에서 완성된다. 하느님에 대한 관념 혹은 하느님이라는 관념은 하느님의 실재 그 자체의 감각에 의해 채워지고 관통되고 투과된다. 실재는 관념의 자리를 차지하고 동시에 그 관념을 검증한다. 관념은 더 이상 하느님과 우리 사이에 끼어들지 않는다. 이렇게 마음은 지성에게 하느님과의 관계를 알려주는 일종의 감각기관이다. 그것은 마치 몸의 감각이 몸이 관계하고 있는 실재를 인식하고 느끼게 해주는 도구인 것과 같다.

그러나 지성이 마음 안에 들어가고, 하느님 실재에 대한 감각 안에서 그 모든 관념의 주장을 검증해가면서 관념을 관통해 들어가고자 할 때마다, 여러 가지 장애물이 지성을 붙잡아 세울 수 있다. 한편으로, 이 장애물은 감각기관의 감각 혹은 육적인 감각으로부터 형성되고 촉발되는 상상에서 비롯된다. 하지만 또 한편으로 이 장애물은, 지성이 그 자신으로부터 자연스럽게 흘러나오는 관념을 그 자신만의 힘으로 뛰어넘으려 할 때 경험하게 되는 어려움에서 비롯된다. 이 관념의 운명은 아직 감각되지 않은 하느님의 실재에 대한 잠정적인 주장들을 제공하는 것이지, 결코 지성을 가둬두는 것이 아니다.

지성이 순수 기도 혹은 마음의 기도를 위해 마음 안으로 들어가는 것을 방해하는 이 감각과 상상은, 죄로부터 오는 것이거나 혹은 죄로 이끌어가는 것이다. 실재로 그 감각과 상상은 인간을 하느님께로 인도하지 않음에도 불구하고, 인간을 선한 행위로 혹은 하느님과의 진정한 만남으로 이끌어 간다는 착각을 일으킨다. 이런 이유로 교부들은 심지어 선한 것처럼 보이는 형상이라 할지라도 경계하라고 수도자들에게 주의를 주었던 것이다. 그들은 수도자들에게 어떤 상상도 어떤 환영(幻影)도 신뢰하지 말라고 가르쳤다. 더 나아가 교부들은 생각, 심지어 신학적 사유조차도 지성이 마음에 들어가는 것을 막는 치명적인 장애물로 간주했다. 우리는 기도하고자 하는 순간이나 기도하는 도중에 어떤 일이 있어도 신학적 사고에 머물러 있거나 그 안으로 미끄러져 들어가지 않도록 주의해야 한다. '하느님에 대한 생각'은 '하느님과의 직접적인 관계 혹은 그분과의 만남'을 단절시킨다. 인간은 신학적 사고를 통해 그 자신 안에 갇힌다. 교부들은 '한 가지 생각만을 담고 있는 기도'(단문單文기도, μονολογιστικος ευκη)에 대해서 말한다. 여기서 하느님의 실재 그 자체의 경험에 전적으로 몰두하는 것은 하나의 생각이라기보다는 의식 그 자체이다. 그럼에도 우리가 이 의식적 경험을 '생각'이라고 부르는 것은, 그것이 단지 어떤 혼미한 느낌의 상태나, 실체가 불분명한 어떤 실재의 대양 안에서 자기를 잃어버리고 표류하는 그런 느낌이 아니라, 오히려 우리를 사랑하시는 인격적 무한이신 하느님과의 만남에 대한 의식이기 때문이다. 그것은 생각을 통과하여 얻은 실재에 대한 확신이다. 이 무한 안에서 나는 나 자신을 잃어버리지 않는다. 왜냐하면 이 무한은 사랑으로 나를 기쁘게 해주시는 인격적 하느님의 무한이기 때문이고, 내가 나 자신의 인격적 사랑으로 그에 응답하는 하느님 사랑의 무한이기 때문이다. 마음이란 곧 타인의 사랑을 느끼고 그것에 응답하는 바로 그 자리이기 때문이다. 그분의 자비만큼이나 나는 그분의 사랑에 의존해 있다. 왜냐하면, 나는 언제나 그분의 면전 앞에서 무한히 작은 존재요 죄인이라고 느끼기 때문이다.

사랑 안에서의 만남과, 하느님과 나 사이에 존재하는 무한한 차이에 대한 느낌, 그리고 인간이 느끼는 하느님의 자비의 필요성이 '예수기도'[29] 안에 잘 표현되어 있다. 마음은 이 감정의 원천이고, 그래서 또한 사랑의 원천이다. 사랑은 타인과의 만남을 의미한다. 그리고 사랑은 무한한 비약으로 고무되는 것이기에, 무한이신 하느님과의 만남 안에서만 비로소 충만하게 만족될 수 있다.

하지만 마음은 또한 고통의 원천이고, 고통은 언제나 마음 안에서 느껴진다. 하느님 앞에서 마음은 죄로 인해, 또 그분을 모욕한 것으로 인해 고통스러워한다. 마음 안에서 인간은 눈물을 흘리며 용서를 청한다. 마음 안에서 눈물이 흘러나온다. 회심의 눈물뿐만 아니라 기쁨의 눈물이 솟아나온다. 바로 이 눈물 안에서 인간은 지성적 경직성을 내던진다. 하지만 마음이 더 낮은 단계로 추락하면, 그것은 세상과 자기 자신에 대한 무한한 집착인 '정념'의 자리가 된다. '정념'이란 유한한 사물과 인간에 대한 무한한 집

---

29. "주 예수 그리스도, 하느님의 아들이시여, 죄인인 나를 불쌍히 여기소서."라는 한 문장을 끊임없이 반복하여 드리는 기도.

착이다. 바로 이런 이유에서, 마음에서는 무한정한 사랑이 뿜어져 나오기도 하지만, 또한 그 무한한 사랑의 대상에 집착하는 것을 방해하는 것이 나타나면, 그것에 대한 무한한 증오가 뿜어져 나오기도 한다. 그래서 마음에서 선한 생각과 선한 말이 나오기도 하지만, 또한 탐욕과 증오의 생각, 살인 충동이 나오기도 한다. 악한 생각과 말은 비록 그것들이 유한한 사물과 관계된 것일지라도, 마음 안에서 무한의 특징을 얻는다. 하지만 유한한 것에 대해 무한한 집착을 갖는다 하여, 마음의 무한하고 진정한 목마름이 만족될 수는 없다. 오직 마음이 하느님을 만날 때만 이 무한한 갈증은 해소될 수 있다. 이를 위해서 마음은 정념에서, 즉 자신의 무한한 능력을 유한한 것에 묶어놓는 집착에서 벗어나야 한다.

하느님과의 만남 속에서 무한은 한량없는 기쁨으로, 무한정한 빛으로 인식된다. 사람은 몇 개의 단어로 이것을 표현하여, 모든 경계를 뛰어넘는 이 기쁨을 제시한다. '예수기도'를 구성하는 단어는 비록 아주 단순하지만 이 기쁨과 감사와 무한한 겸손의 감정을 표현한다. 이 기도에서 중요한 것은 이 단어들을 읊조리는 것이 아니다. 정작 중요한 것은 차라리 기쁨과 감사와 사랑과 겸손의 감정, 혹은 죄가 야기하는 무한한 고통의 감정이다. 단어는 더 이상 그것을 발성하는 이에게 어떤 사색의 주제가 되지 않는다. 그것은 더 이상 사람과 하느님 사이에 끼어들어 중재하지 않는다. 오히려 사람은 그 단어를 통해 현존하는 하느님께 말을 건넨다. 하느님의 현존이 모든 것을 충만하게 채운다.

이제 단어는 그것이 발성됨과 동시에 초월된다. 이렇게 단어는 어떤 외적 현존으로서의 형상을 만들어내지 않고, 도리어 하느님 실재와의 즉각적인 접촉을 표현한다. 여기서 주의를 집중해야 할 대상은 그 단어가 아니라 바로 하느님 자신이다. 단어는 대화 안에서 일종의 청원의 형태를 띤다. 하지만 우리는 단어 없이도 이 대화를 경험할 수 있다.

이런 까닭에 이 책 서두에서 언급한 바 있는 수도자는 기도의 아주 높은 단계에 오르면 우리는 '예수기도' 자체도 버릴 수 있다고 말하곤 했다. 붙잡아야 할 것은 바로 내용이다. 우리는 하느님께 말을 건다. 우리는 존재 그 자체로 하느님에 대한 찬양을 표현한다. 하느님 앞에서의 경외감, 감사, 겸손을 표현한다. 심오하고 감동적인 이 상태는 존재 전체를 통한 것일 때 가장 적절하게 표현된다. 그것은 단어를 넘어서는 어떤 경험이다. 그것이 바로 순수 기도요, 하느님과의 만남을 위해 모든 사물과 생각으로부터, 심지어 자기 자신으로부터 감동적인 탈출을 감행하고 전 존재로 하느님을 향하여 드리는 기도이다. 마음 안에서 가장 강렬한 방식으로 기도 드리는 상태에 이를 때 우리는 이러한 탈출을 경험하곤 한다. 이때 마음 안에서는 나의 전 존재가 사랑으로, 무한한 사랑의 감정으로 하느님 안에 던져진다.

3. 거룩성 : 인간의 양심에 존재하는 하느님의 투명성

하느님은 성인 안에서 자신의 초월성을 온전히 드러내신다. 다시 말하자면, 하느님은 세상과는 다른 분으로 나타나신다. 거룩성은 초월적 하느님 현존의 빛나는 활동적인 신비, 즉 비추고 변화시키는 신비이다. 거룩성은 자연에 내재한 어떤 비인격적 실재의 속성이 아니다. 비인격적인 것은 신비의 깊이를 가지지 않는다. 거룩성은 신비의 차원에 속한 것이다. 그래서 오직 초월적 인격(위격)이신 하느님의 속성일 수밖에 없다. 하느님은 깊고 깊은 심연을 소유한 인격(위격)으로서 그 자신의 초월성 안에서 소통하신다. 이로부터 거룩성의 역설적인 특징이 비롯된다. 다시 말해 거룩성은 초월성임과 동시에 또한 소통이요, 계시(드러냄)이다.

거룩함은 초월적이고 신비적인 인격(위격)의 속성, 즉 하느님의 속성이기에, 거룩성 앞에서 우리는 두려워 떨고 부끄러움에 압도된다. 거룩함은 우리의 사악함을 들추어내는 '지고한 양심'의 발현이다. 거룩함은 우리를 그 자신에게로 끌어올리기 위해 자신을 드러내시는 초월적 인격(위격)의 광채이다. 그 거룩함 앞에 머무를 수 있으려면, 우리는 죄인이라는 우리의 상태를 넘어서지 않으면 안 된다. 동시에 이 광채는 우리 개인의 의식이 우리의 죄에 대해 더욱 민감하고 더욱 명민해지도록 만든다. 하느님의 거룩성은 인간의 양심에 쇄도해 들어온 하나의 궁극적이고 초월적인 심판처럼 나타난다. 그리고 이 심판은 우리 안에 정화의 의지와 더 나은 위대함을 향한 열망을 낳는다. 이렇게 해서 야기된 겸손과 정화 의지야말로 참된 자기 인식이다. 우리의 양심은 거룩성 앞에서 최고의 명철함을 획득한다. 이 명철함은 오직 계시로부터, 보다 높은 양심으로부터, 우리의 양심에 들어올 수 있다.

신신학자 시메온 성인은 말한다.

> "그러한 양심의 단계에 도달하고 또 성령으로 인해 하느님 그리스도 안에서 깊은 겸손 안에 들어가면, 영혼은 더 이상 세상과 사람에 대해 관심을 두지 않게 되고, 오직 자기 자신만을 바라보게 됩니다. 이와 같은 묵상에 될 수 있는 한 오래 머물고, 그것이 습관이 되면, 영혼은 이제 그 자신을 무가치함과 극도의 비천함 안에서 바라보게 되고, 그 자신이 세상의 그 어떤 영혼보다 더

비천하다는 것을 확신하게 됩니다."[30]

하느님의 빛에 힘입어, 하느님의 영광 앞에서, 다시 말해 양심을 일깨우는 '지고의 양심'(하느님)의 영광 앞에서, 역설적이게도 인격적 비천함에 대한 직관적 통찰과 양심의 높은 예민성은 하나로 결합된다. 오직 '지고의 양심'만이 다른 양심을 깨울 수 있고, 하느님의 빛만이 사람의 무가치함을 명백하게 일깨워주고 동시에 사람의 양심을 가장 높은 단계로 끌어 올릴 수 있다. 비인격적 자연은 인간에게 부끄러움을 야기하지 않으며 양심을 예민하게 만들지도 못한다. 하느님이 자신의 거룩함을 드러내시어 우리도 그분과 같이 거룩해지라고 명령하시고 요청하실 때, 우리를 타오르게 하는 것은 바로 하느님의 지극히 빛나는 불, 곧 양심이다. 지고의 양심이신 하느님의 거룩함으로 관통된 사람은 '불타는 떨기나무'가 된다. 그래서 거룩한 사람 앞에 서면, 우리는 마치 불타는 떨기나무의 현존 앞에 있는 것 같은 느낌을 받게 된다. 거룩함 안에서 느낀 부끄러움과 두려움은 인간이 불러일으킬 수 있는 그 어떤 부끄러움과 두려움도 다 뛰어넘는다. 그것들은 다른 세계에 속한 것이다. 성인의 양심 안에 투사된 지고한 양심의 신

---

30. Syméon le Nouveau Théologien, *Traité éthique IX* (『윤리 논고』 9), in : *Traités théologiques et éthiques* (『신학 윤리 논고』), vol II, éd. J. Darrouzes, <Sources chretiénnes> 129, Paris, 1967, pp. 254-255.

적 현실은 우리를 완벽하게 발가벗겨 보여주고 죄인인 우리를 심판하는 최후의 심판처럼 나타나기 때문이다. 하지만 동시에 거룩함은 우리를 매혹시킨다. 아레오바고의 디오니시오스 성인은 그의 저작 『교회의 품계』[31]에서 하느님의 거룩성을 그분의 완전한 순결성과 동일시하고, 또한 그분의 성화하시는 활동을 그분의 정화하시는 활동과 동일시한다.

하느님의 이 완전한 순결성은 우리에게 부끄러움을 일깨울 뿐만 아니라 우리를 매혹시킨다. 그것은 두려움만이 아니라 기쁨도 낳는다. 우리의 존재를 발가벗겨 우리의 죄뿐만 아니라 우리 안에 있는 선 또한 발견하게 해주기 때문이다. 그것은 죄로부터 자신을 정화해야겠다는 의지를 우리 안에서 일깨워, 하느님의 양심을 흡족하게 한다. 우리 자신을 정화하고 악에서 벗어날 수 있는 가능성을 거룩하신 분 하느님이 우리에게 주셨기에 우리는 행복하다. 우리는 잠에서 깨어나, 모든 실존의 샘이신 하느님의 인격(위격)으로부터 뜨거운 사랑으로 길어 올리는 살아있는 현존을 누리게 된다. 거룩하신 하느님이 우리를 최종적으로 버리시지 않으시고, 오히려 우리 안에 정화의 의지를 일깨워 주셨기에 우리는 행복을 느낀다. 무엇인지도 모르고 짊어져야 했던 그 무거운 짐을 벗어버렸기에, 우리의 충만한

---

31. *La hiérarchie ecclésiastique.*

삶을 방해하는 장애물을 치워버렸기에 우리는 행복을 느낀다. 우리의 사악함이 드러날까 봐 스스로를 인정하지 못하고, 그래서 있는 그대로의 우리 자신으로 존재하지 못하게 했던, 그런 진정성 없는 연극을 더 이상 하지 않아도 되기에, 우리는 행복을 느낀다.

이렇게 하나의 참된 소통 안에서, 우리의 존재는 해방을 발견하고 참된 삶을 누린다. 하느님 인식을 통해 용서받고 죄의 상태에서 벗어났음을 느끼는 사람은 하느님과 타인들 앞에서 "거리낌 없다."(παρρησία) 그는 열린 의식을 가지게 되고, 모든 관계에서 자유를 누린다. 또 이 안에는 어떤 무모함도 존재하지 않는다. 단지 죄에 물들었다고 느끼지 못하는 어린 아이의 순결한 진실함만 존재한다. 그것은 동시에 하느님과 이웃에 대한 깊은 신뢰로 각인된 '솔직함'(παρρησία)이다. 인간은 자기 자신으로부터 나와서 자신을 하느님과 타인에게 결합시키고, 이것은 다시 하느님과 타인으로 하여금 그에게 문을 열어주게 한다. 성인은 사람을 자신 안에 가둬버리게 하는 '의심'과는 거리가 멀다. 순결함과 신뢰에서 나오는 순전한 대담성이야말로 모든 일치의 매개이다. 이렇게 하여 성인은 하느님과 타인이 그 자신 안에서 '쉼'을 얻듯이, 또한 그 자신도 하느님과 타인 안에서 '쉼'을 얻는다. 그래서 동방 교회는 이렇게 찬양한다.

> "우리 하느님이시여, 당신은 거룩하시나니, 당신은 성
> 인들 안에서 쉬시나이다."

성인 안에서 누리는 하느님의 '쉼'은 인간 양심에 허락된 지속적이고 분명한 사실이다. 그것은 성인이 하느님 안에서 쉼을 얻을 때 지고의 평안을 느끼듯이, 하느님 또한 성인 안에서 만족을 누리신다는 것을 의미한다. 하나의 양심은 오직 또 다른 양심 안에서, 사랑 넘치는 타인의 양심 안에서만 평안을 느낀다. 그것은 두 양심의 지고한 '상호 내주'(相互 內住)이다.

하느님이 "쉬시는" 장소가 될 수 있으려면, 혹은 하느님을 "쉼"의 장소로 가질 수 있으려면, 인간의 영은 '무한하게 깊고 빛나는 양심'이신 하느님을 자기 안에 받아들일 수 있어야 한다. 다시 말해 하느님이 인간의 영 안에서 자신의 빛을 무한하게 비추실 가능성, 끝없는 심화의 가능성을 발견하실 수 있어야 한다. 인간은 날마다 하느님에 대해 더욱 새롭고 더욱 심오한 의식적 경험을 할 수 있어야 한다. 하느님이 내주하시는 사람의 기쁨이 언제나 새로움으로 빛나는 것을 하느님은 참으로 기뻐하신다. 하느님 체험에 있어서 사람은 어떤 변함없는 상태에 머물러 있어서는 안 된다. 그렇게 되면 하느님은 그 사람 안에서 지속적인 쉼의 기쁨을 누리실 수 없다. 하느님이 그 안에서 쉬시

고 또 그 자신이 하느님 안에서 쉬는 사람은, 하느님 양심의 빛의 그 무한성을 반영할 수밖에 없다. 하느님의 무한성은 은총을 통하여 사람의 것이 된다. 그것은 하느님 안에서의 인간의 '신화'(神化, théosis)이고, 사람 안에서의 하느님의 인간화이다. 그것은 성령 안에서, 빛의 영 안에서 이루어지는 하느님과 사람의 연합이다. 밝게 비추시는 '하느님의 영'은, 은총으로 말미암아, 밝게 비추는 '사람의 영'이 된다. 하느님의 양심과 인간의 양심은 서로 얽히고, 서로 투명하게 비추게 되며, 서로를 포함하게 된다. 사람과 하느님의 혼동됨 없는 이 상호관통에 대한 확신을 통해서, 그리스도교는 인간 인격과 인간 양심의 심원하고도 규정할 수 없는 신비를 드러냈다.

어떤 이들은 그리스도교가 세상과 인간 실존의 신성함을 제거해 버렸다고 말한다.

하지만 우리는 정반대로 오히려 사람이 거룩함에 이를 수 있고, 온 세상이 이 거룩함에 참여할 수 있다고 해야 한다. 그리스도교는 모든 사람이 거룩함을 반사할 수 있음을 드러낸다. 왜냐하면 그리스도교는 인간은 자신의 양심 안에 하느님의 무한성을 담아낼 수 있는 능력을 가지고 있고, 양심의 이 무한한 능력을 통해 하느님의 무한 안에서 영원히 전진해갈 수 있다고 말하기 때문이다. 빛이시고 무한한 양심이신 하느님의 아들은 인간 본성을 취하셨다. 인간 본성은 신적 위격의 무한한 빛 혹은 무한하게 심오한 양심을 드러낼 수 있는 매개가 되었다. 그것은 그 빛을 누릴 수 있고 그것을 반사할 수 있게 되었다. 하느님의 위격, 그 위격의 무한 양심은 끊임없이 영원토록 어떤 제한도 없이 인간의 생명 안에 파고든다. 그때 인간 생명은 사라지지 않고 신적 위격의 무한 양심이라는 바다 안에서 영원토록 노닌다. 인간적인 가능성, 인간의 사고, 감정, 기쁨, 사랑, 교제의 안에는 신적인 무한 양심의 능력이 존재한다. 물론 그 구조는 여전히 인간적인 구조이겠지만 말이다.

교부들은, 인간의 거룩함이란, 정념의 정화를 통해서, 또한 무한 사랑을 그 궁극으로 삼는 모든 덕(德)의 성장을 통해서, 인간이 끊임없이 하느님을 닮아가는 것이라고 보았다. 이것은 신적 양심의 빛을 통해 조명된 인간 양심의 심화를 의미한다. 교부들에 따르면 덕은 하느님 속성의 인간적인 형태들이다. 다시 말해 덕은 하느님의 빛, 하느님의 양심이 인간의 양심 안에 점점 더 깊이 반영되는 것이다. 무엇보다도 하느님은 덕을 통해서 사람 안에서 사람이 되시고, 이어서 사람을 신이 되게 하신다. 다시 말해서 인간 양심은 덕을 통해서 쉬지 않고 성장해 간다는 말이다. 덕은 사람의 양심을 더욱 심화시켜주는 것임과 동시에 사람으로 하여금 하느님의 빛 안에서 늘 더욱 높이 날 수 있게 해주는 날개이기도 하다. 하지만 그렇다고 하여 사람이 하느님 안에서 해소되어 버리는 법은 결코 없다. 사람은 매순간 더욱 높이 날아야 함을, 하느님의 또 다른 선을 자기 것으로 만들어야 함을, 하느님의 양심 안에서 더 높이 자라나야 함을 느낀다. 하느님은 모든 존재의 궁극이고, 모든 선, 모든 지식, 모든 빛의 무한한 원천이기 때문이다.

이렇게 거룩함을 요체로 삼고 있는 '인간의 하느님 닮음'은 구체적으로 인간이 하느님 안에서 끊임없이 전진해 나가는 것, 인간의 양심이 하느님의 양심과 빛과 날마다 더욱 강렬하게 교섭하는 것, 인간의 양심이 하느님 양심의 무한한 빛에 의해 언제나 더욱 빛나게 조명되는 것이다.

거룩함은 인간의 영 안에 하느님이, 또 그분의 양심이 투명하게 드러나는 것이다. 거룩함은 성령의 빛으로 충만하게 채워진 인간 영의 투명성이다. 이때 성령의 빛은 그 빛을 받은 사람의 몸을 통해 반사되고, 그 주위를 비춘다.

인간 양심 안에 투명하게 반사된 하느님의 양심은 사람의 얼굴과 그 행위의 빛남으로 이어진다. 그래서 성인이 하는 가장 주된 일은 사람의 구원을 위한 기도이다.

이 섬세하면서도 짙은 투명성 안에서, 인간의 참된 본성이 실현된다. 영적인 차원에서 볼 때 인간의 참된 본성은 바로 소통에 있다. 소통은 둘 혹은 그 이상의 양심 간의 교환을 의미한다. 진정으로 소통하지 않을 때, 그 자신의 투명성을 잃어버릴 때, 인간은 자신의 참된 본성, 즉 하느님의 형상이라는 특성과 형제에 대해 책임을 가진 존재가 될 능력을 덮어버리고 변질시켜 버린다.

내가 책임감을 느끼고 있는 어떤 형제를 볼 때 나의 양심이 그것을 어떻게 투사하는지를, 사람들은 보통 내 낯빛을 통해서 읽어낼 수 있다. 그렇다면 더더욱 성인의 양심이 성인으로 하여금 그 앞에서 책임적인 존재임을 느끼게 해주는 하느님의 얼굴을, 또한 하느님 앞에서 그가 책임져야 한다고 느끼는 다른 이들의 얼굴을 어떻게 투사하는지를, 우리는 다른 무엇보다 성인의 얼굴에서 읽을 수 있다. 이것은 성인의 얼굴에서 빛나는 광채를 더욱 증폭시킨다. 성인 자신의 빛과 그가 품고 있는 이들의 빛은 하느님에게서 오는 빛과 결합된다. 그것은 선(善)의 빛이고, 그 선은 또한 언제나 하느님의 세 위격의 특성이다. 즉 선은 언제나 누군가의 선이고, 최종적으로는 언제나 하느님의 선이다. 왜냐하면 모든 선은 바로 그분에게서 나오기 때문이다. 그 선은 타자에게로 향해진 선이다. 그것이 가 닿아야할 대상이 없는 선은 존재하지 않고, 선의 대상이 된 존재는 그 자신 또한 누군가에게 선한 존재가 될 가능성으로 기능한다. 빛은 비출 곳을 가질 수밖에 없다. 아마도 하느님의 '세 위격성'의 신비도 이것과 무관하지는 않을 것이다.

4. 기도와 자유

　기도는 인간을 해방시킨다. 인간을 그 외적 자연과 그 자신에게서 떼어낸다. 이 같은 방법으로 기도는 인간 영혼으로 하여금 하나의 인격(위격)이신 하느님께 자신을 개방하게 해준다. 기도하지 않는 사람은 노예로 머물게 된다. 달리 말해 외적 자연의 복잡한 기제 안에 갇힌 존재, 본성보다 더욱 강력하게 인간을 지배하는 정념에 포위된 존재로 머물게 된다.

기도, 하느님과 인간의 대화

　기도는 자연 법칙들로 구성되는 외적 세계의 복잡한 체계에 맞서 인간의 자유를 보장한다. 인간이 기도한다는 것은 이 체계들이 단지 우연적이라는 것, 결코 필연적이지 않다는 것, 즉 그것들을 창조하신 최고 인격의 자유로운 개입에서 비롯된 것이라는 확신을 표명하는 것이다. 이 확신은 인간 또한 자연법칙의 어떤 체계를 자유롭게 조직할 수 있고 또 그것을 인간이 선택한 어떤 목적으로 향하게 할 수 있다는 사실에 기초한다. 나의 정신은 내 몸을 지배하는 힘이 있어서 그것으로 하여금 내 정신이 선택한 어떤 운동을 하게 할 수 있다. 그 운동을 통해, 또 그 행위를 확장시켜주는 도구를 통해, 나의 정신은 대상과 자연의 힘을 지배한다. 이 능력은 다른 사람의 정신에도 속한다. 타자에게 기도함으로써, 그로 하여금 내게 유익이 되는 방향으로 자연법칙들의 체계에 개입하게 하는 결과를 얻을 수 있다. 이렇게 하여 사람들은 대상과 자연의 힘을 매개로 하여 그들 사이에 자유로운 대화를 발전시켜 나갈 수 있다. 모든 사람은 자연 안에서 어떤 일을 할 때, 자기 자신의 자유를 앞세운다. 그래서 다른 사람에게 어떤 요청을 할 때도, 그의 자유를 먼저 인정한다. 하지만 다른 사람의 자유로운 개입을 요청함으로써 인간은 그 자신은 어찌할 수 없는 어떤 자연 법칙으로부터의 해방을 그에게서 기대하기도 한다.

그렇다면 자연과 자연 법칙을 창조하신 '최고 인격(위격)'의 개입 가능성을 우리가 믿지 못할 이유가 무엇이겠는가? 일반적으로 자연은 인간 정신에 대해 우연적이라고 말하는 것은, 자연이 자유의 개입에 개방된 우연의 장, 인간 사이의 자유로운 대화의 장으로 창조된 것이라는 의미이다. 즉 자연은 자유에 복무하기 위해 창조되었다는 것 그래서 또한 '자유'(절대자유)이신 하느님에 의해 창조되었다는 것을 말한다. 왜 이 창조적 자유(하느님)가 인간의 자유보다 더욱 효과적인 방식으로 자연 체계의 우연성 안에 개입할 수 없단 말인가? 세상은 하느님과 인간 사이의 대화의 장일 따름이다. 인간은 자신의 행위로 세상 속에서의 하느님의 행위에 응답한다. 그러나 인간은 기도를 통해 하느님께 개입을 요청한다. 사람은 바로 이 기도를 통해서, 자신을 위해 하느님의 자유로 하여금 세상에 개입하게 할 수 있음을 안다. 또한 그는 바로 이 기도를 통해서, 거대한 자연 체계 안에 끼인 하나의 톱니바퀴에 불과한 존재가 아님을, 그와는 다른 존재임을 확신하고 표명한다. 그리고 바로 이 기도를 통해서 사람은 그 자신을 향한 하느님의 특별한 관심을 긍정한다.

아마도 이것에 대해 이렇게 반박할 수도 있으리라. 인간이 자연 체계 안에 개입할 수 있는 것은 바로 인간 정신이 그 육체와, 또 그 육체를 통하여 즉자적인 자연과 너무나도 긴밀하게 결부되어 있어서, 그 정신의 운동은 불가피하게 자연의 운동에 반영되기 때문이라고 말이다. 그렇다면 세상과 하느님 사이에 어떤 연관이 존재한다는 것, 그리하여 누구도 이 둘을 분리할 수 없다는 것, 세상은 하느님 안에 뿌리를 두고 있다는 것, 그리고 하느님의 자발적이고 자유로운 행위가 언제나 세상 안에 깊이 새겨져 있다는 것을 우리가 인정하지 못할 이유는 무엇이란 말인가? 인간 정신과 물적 자연의 관계가 결코 풀 수 없는 거대한 신비라면, 세상이 하느님과 맺는 관계는 그보다 더욱 위대하고 헤아릴 수 없는 신비이다. 어쨌든 우리는 인간의 몸에서 그리고 인간이 감각을 통해 접촉하는 모든 것에서 순수하고 고립된 물질이란 것을 발견할 수 없다. 하느님의 영이 완전히 배제된 세상과 물질은 더더욱 발견할 수 없을 것이다. 이것은 우리가 결코 세상을 그 자신 안에 갇혀 완결된 어떤 것으로, 과학이 진술하고 있는 그런 법칙들로 구성된 체계로만 이해할 수는 없다는 것을 보여준다.

세상 속에서 또 세상 너머에서 인간과 하느님이 자유 안에서 나누는 이 대화는 바로 인간의 기도를 통해서 확증된다.

기도를 통한 정념에서의 해방, 기도를 통한 인간의 영적 고양

하지만 인간은 또한 기도를 통해서 정념과 자기 자신으로부터의 해방을 확증하고 실현한다. 정념은 인간을 외적 '자연'에 결박시키고, 그러면 인간은 그 자연의 노예가 된다. 인간은 학문을 통해서 자연의 노예임을 이론적으로 승

인하고, 정념을 통해서 실제적으로 또 도덕적으로 자연의 노예가 된다. 정념을 통해서 인간은 자연의 노예가 되고, 그 자신이 하나의 저급한 자연으로, 하나의 야수로 전락한다. 이것은 또한 자연은 스스로 손상을 입을 수 없는 것임을 보여준다. 정념이란 정신과 자연의 혼합물, 다시 말해 자연을 타락시키는 쇠락한 정신과 역으로 정신을 지배하는 타락한 자연의 혼합물이다.

기도는 정념으로부터 벗어나는 것을 돕고, 또 정념으로부터의 해방을 전제한다. 혹자는 기도하지 않는 사람도 자신의 자유로 정념을 지배할 수 있으며 그래서 그 저열한 자연의 자유롭지 못한 경향을 떨치고 고양될 수 있다고 반박할지도 모른다. 하지만 만약 인간이 자신의 자유 너머에 있는 어떤 존재를 인정하지 않는다면, 그는 또 다른 정념, 특별히 다른 어떤 정념 못지않은 '교만'이라는 정념의 노예로 남게 될 것이다. 그는 자신을 모든 행위의 준거로 삼는다. 그가 하느님을 인정하지 않는다면, 그가 믿고자 하는 궁극은 무엇이겠는가? 결국 그는 맹목적 자연의 영역에 갇히게 될 것이고 종국에는 죽어서 사라지고 말 것이다.

기도는 또한 자기 자신 너머로의 인간의 상승, 고양이다. 인간이 자연과 죽음을 벗어날 수 있는 것은 오직 자신을 탈피함을 통해서, 소위 무제한적 자유라고 여기는 것으로부터 탈피함을 통해서다. 인간이 어떤 정념에도 지배되지 않고 참된 의미에서 자유로워지는 것은 오직 자기 자신으로부터 자유로워질 때 가능해진다. 폰투스의 에바그리오스는 다음과 같이 말한다.

> "기도의 상태는 지혜롭고 영적인 지성을, 지고한 사랑을 통해서 지성활동의 최정상으로 이끌어가는, 무정념의 습관이다."[32]

기도 안에서 인간은 자연에 대해 자유를 획득한다. 왜냐하면 그는 자연과 모든 정념을 초월하는 최고 인격(위격)이신 하느님과의 직접적인 관계 안에 있기 때문이다.

> "기도는 지성이 하느님과 나누는 대화이다. 결코 뒤돌아보지 않고 자기 자신을 뛰어넘어 자신의 주님 되시는 분께 도달할 수 있으려면, 또 그 어떤 매개도 없이 그분과 직접적인 대화를 나눌 수 있으려면, 지성에게 과연 어떤 상태가 필요하겠는가?"[33]

한 인격과 순수한 사랑으로 나누는 대화만이 우리를 외적 자연과 우리 자신으로부터 자유롭게 해준다. 그러나 오직 하느님만이 우리에게 자유를 주실 수 있고, 모든 다른 사람에 대하여 그런 사랑을 품을 수 있게 하신다. 하느님

---

32. Evagre le Pontique, *Traité de l'oraison* (『기도에 대하여』), ch. 52, in I. Hausherr, *Les Leçon d'un contemplatif : Le Traité de l'oraison d'Evagre le Pontique*, Paris, 1960, p. 76 ; PG 79, 1177C.
33. 폰투스의 에바그리오스, 같은 책, 3장. PG 79.

과의 관계 안에서 우리는 참되게 지속적으로 우리 자신에게서 해방될 수 있다. 왜냐하면 그분의 인격(위격)은 그 무한한 풍요로 인해 너무도 매혹적이고 그 사랑 안에서 너무도 관대하시기에, 그 안에서 우리는 우리 자신을 잊어버릴 수밖에 없기 때문이다. 결과적으로 하느님과의 대화만이 자연과 우리 자신에 대한 충만한 자유를 우리에게 선사해주고, 우리로 하여금 타인과의 대화 안에서 이 자유를 또한 드러낼 수 있게 해주신다.

신신학자 시메온 성인은 말하길, "우리는 하느님과의 관계 속에서 그분의 자녀임을 느끼게 된다"고 했다.[34] 그러나 이 관계는 또한 성령 안에서의 기도를 통해서 실현된다.[35]

타인을 지배하는 것을 통해서는 누구도 자신의 자유를 보장받지 못한다. 고립 가운데는 참된 자유가 없다. 사람은 자기 자신으로부터 해방되는 것이 불가능할 때 고립 속에 빠져들고 그 안에 움츠려든다. 그리고 자기 자신의 주인이 되길 원하지만 결국 자신에 의해 지배된다. 자연과의 관계에 있어서도 마찬가지이다. 자연의 주인이 되고자

---

34. Syméon le Nouveau Théologien, *Chapitres théologiques, gnostiques et practiques* (『신학과 참된 지식과 실천에 관하여』), I, 65. éd. j. Darrouzes, <Sources chretiénnes> 51, Paris, 1957, p. 58.
35. 로마 8:14~16:26. 다른 한편 시메온 성인은 두려움을 교만에, 그리고 자유를 겸손에 밀접하게 결부시킨다. 신신학자 성 시메온, 같은 책, 1권 70장.

할 때 그는 자연에 의해 지배된다. 분명 사람은 자연 위에 있어야 한다. 하지만 그것은 뭔가 정념에 이끌리어 자연을 지배하려는 것과는 다른 것이다. 사람은 자연에 대해 자유로울 때만 참으로 자연의 주인이 될 수 있다.

오직 또 하나의 참된 자유, 모든 정념으로부터의 자유, 그러므로 지배하려 하지 않는 자유만이 나의 고유한 자유를 확증하고 유지시켜 준다. 그 누구도 그분의 자유를 결코 위협할 수 없는 최고 인격(위격)과의 관계만이 나의 자유를 충만하게 보장해준다. 이것은 자유들 간의 이 관계가 외적인 관계, 즉 서로 동떨어져 있는 그런 관계임을 말하는 것이 아니다.

각각의 자유는 다른 자유에 대한 일종의 지지이다. 참된 자유는 다른 이의 자유를 낳고 또 살아있게 한다. 나는 나의 자유 안에서 내가 관계하고 있는 이의 자유를 느낀다. 그것은 내게 아무 관심이 없는 자유도, 그렇다고 나를 지배하려는 자유도 아니다. 그것은 나와 나의 자유를 사랑하고 존경하는 자유이다.

내가 누군가에게 관심과 사랑을 바랄 때, 내가 원하고 또 나의 자유가 호소한 이 관심과 사랑은 내게 온다. 만약 그가 지배하려는 마음 없이 나에게 이 관심과 사랑을 준다면, 그는 그것을 통해서 나를 지배하길 원하지 않을 뿐만 아니라 도리어 나를 나 자신으로부터 해방시켜준다. 그 앞에서 나는 내 자유를 지키려 할 필요가 없고 그래서 나 자신을 잊어버린다. 다시 말해 내가 그에게 응대할 때, 나 자신에 대한 혹은 그에 대한 지배 의지가 내 안에는 없다는 말이다. 나는 자유롭게 그의 사랑을, 나를 지배하려는 의지가 없는 그의 자유를 선물로 누린다. 이렇게 하여 타인의 참된 자유는 나의 참된 자유를 지지한다. 타인의 자유가 존재하는 공기 안에서만 나의 자유가 실현된다. 오직 타인의 자유만이 나의 자유를 양육한다. 내가 타인의 자유를 긍정할 때만, 나를 통해 양육된 그의 자유가 이제 다시 나의 자유를 양육한다. 하지만 이 모든 '창조된 자유'(libertés créées)는 오직 '창조되지 않은'(본래부터 존재하는 자유, liberté non créée)의 공기 안에서만 긍정될 수 있다. 그리고 이 창조된 자유는 서로 간에 사랑을 주고받음을 통해서 유지된다.

  그러나 나와 하느님의 관계에서, '기도의 상호성'은 존재하지 않는다. 단지 인간이 기도할 뿐이기 때문이다. 하지만 여기서도 여전히 '사랑의 상호성'은 존재한다. 기도를 통해 하느님으로부터 자유를 받고 또 자기 자신을 하느님께 바침으로써 인간은 자신의 자유를 실현한다. 이렇게 할 때만 인간은 자기 자신에 대해 자유롭게 된다. 만일 하느님의 사랑으로부터 받은 실존을 자기 자신만을 위해 붙잡아 두려 한다면 인간은 자유를 잃게 된다. 자신의 실존을 지배하려고 할 때 인간은 그 실존의 노예가 된다는 것이다. 자기 자신으로부터 자유로워지려면 인간은 혼자 힘이 아니라 하느님의 은총으로 살아가는 것을 받아들여야 한다. 인간은 자기 자신을 포기하고 하느님께 자신을 바쳐야 한다. 자유로운 존재로서 인간이 가지고 누리는 모든 것은 궁극적으로 다 그분에게서 온다. 그러므로 하느님을 위해서 그리고 하느님 안에서 살 때만 인간은 진정 자유로울 수 있다. 인간은 결코 하느님에게서 온 자신의 자유를 하느님에 맞서면서 간직할 수는 없다. 오히려 언제나 기도를 통해서 하느님으로부터 그 자유를 받아야 한다. 자유가 하느님으로부터 오는 것임에도 불구하고 그 자유가 하느님께 맞서는 것이라면, 그것은 결코 참된 자유일 수 없다. 자신이 가진 모든 것을 지배하길 원하는 순간, 인간은 정념의 노예가 되고 또 그 자신의 노예가 된다.

자유라는 선물을 받으려면 또 다른 참된 자유에 자신을 내주어야 한다. 그리고 결코 고갈되지 않는 유일한 자유가 있다면 그것은 바로 최고 인격(위격)이신 하느님의 자유이다.

기도는 지배 의지에 대립된다. 지배 의지에 대립되기에, 기도는 인간의 자유를 보장한다. 기도는 기도하는 자의 자유를 보장하는 또 다른 자유를 전제한다.

진정한 기도는 하느님께 드려지는 기도이다. 그런 기도

는 그 무엇도 위협할 수 없고 그 어떤 위협도 소용없는 절대 자유, 자유 그 자체, 무한 자유를 만난다. 이 자유는 기도하는 모든 자유, 스스로 주장하지 않지만 인정받는 그런 모든 자유를 긍정하고 지지하길 원한다.

기도 그리고 하느님과의 자유로운 관계로서의 성령의 현현

하느님과의 자유로운 관계를 표현하는 것으로서의, 다시 말해 성령의 현현으로서의 기도는 이미 그 안에 '하느님의 영'(성령)의 권능을 소유한다. 그리고 기도 안에서 성령은 인간의 영을 굳세게 하시고 인간과 하느님 사이의 관계를 실현시키신다.

> "성령께서도 연약한 우리를 도와주십니다. 어떻게 기도해야 할지도 모르는 우리를 대신해서 말로 다 할 수 없을 만큼 깊이 탄식하시며 하느님께 간구해 주십니다." (로마 8:26)

성령은 인간과 하느님 사이에 친밀한 관계를 만들어 내시어, 우리로 하여금 우리 자신이 하느님의 자녀라고 느끼게 해주신다. 그리고 기도 안에서 이뤄지는 우리와 하느님과의 연합은 우리의 일이 어디서 끝나고 하느님의 일이 어디서 시작하는 지 잘라 말할 수 없을 만큼 완벽하다. 하느님의 사역은 우리의 것이 된다. 그래서 우리는 우리 자신의 의로움이 아니라 하느님의 의로우심으로 구원받는다. 성령 안에서 우리는, 우리의 행위와 하느님의 영이신 성령의 행위를 더 이상 구분할 수 없을 만큼, 총체적으로 우리 자신을 잊어버리고, 또 우리 자신으로부터 온전히 벗어난다. 하느님의 영이신 성령의 자유는 우리의 자유가 되고, 우리의 연약함은 하느님의 연약함이 된다. 기도하는 주체, 그리고 우리의 자유를 긍정하는 주체는 더 이상 우리 자신이 아니라 하느님의 성령이시다. 우리의 자유가 된 하느님 자유의 이 권능은 바로 기도라는 연약함 안에서 긍정된다. 성령에 의해, 하느님의 초월성은 바로 우리 자신의 초월 안에서 우리에게 드러난다. 역설적으로 경험되는 이 지고한 연합은 말하자면 우리가 하느님의 자녀가 되었음을 표현하는 것이기도 하다. 기도 안에서 우리는 전적으로 우리 자신을 하느님께 바치고 맡기며, 하느님은 아버지가 아들에게 그러하듯이 전적으로 우리에게 자신을 내주신다. 우리는 하느님 자녀가 누리는 자유를 우리 안에 가지게 된다. 우리는 우리 자신을, 노예처럼 하느님의 지배를 받는 자가 아니라, 하느님의 자유로부터 태어나고 그 자유 안에서 살아가는 하느님 자유의 자유로운 상속자로 느낀다.

5. 용서와 교회의 갱신

 우리 주님은 '주기도문'(마태오 6:12)과 '두 빚진 종의 비유'(마태오 18:21~35)를 통해서, 결코 분리할 수 없는 방식으로, 우리가 우리에게 잘못을 범한 이들에게 베풀어야할 용서와 하느님의 용서를 결부시키셨다.

 사실, 우리가 하느님께 용서를 구하는 죄와 잘못은 대부분 사람에게 행한 것이다. 그러므로 우리는 하느님께만 아니라 이 잘못과 죄로 인해 상처받은 사람에게도 용서를 청해야 한다. 그렇지 않으면 하느님도 우리를 용서하지 않으실 것이다.(마태오 5:23~26) 우리가 잘못을 행한 사람 뒤에는 언제나 하느님이 계시고, 또 우리가 하느님께 죄를 지을 때도 그곳에는 언제나 사람이 있다. 하느님을 무시할 때마다, 우리는 사람에게 나쁜 예를 보여줌으로써 그들의 도덕적 힘을 약화시킨다. 하느님께 진실하게 행동하지 못하는 사람은 사람에 대해서도 마찬가지로 행동하고, 그렇게 하여 하느님에 대한 사람의 불감증을 더욱 증대시킨다.

그래서 하느님은 우리가 잘못을 저지른 사람에게 용서를 구하는 것을 우리가 그분께 저지른 잘못을 용서해 주시는 조건으로 삼으신다. 만일 우리가 하느님의 용서를 얻기 전에 먼저 다른 사람의 용서를 받아야 한다면, 역으로 다른 사람 또한 하느님의 용서를 얻기 전에 먼저 우리의 용서를 받아야 한다.

그러므로 하느님의 용서를 얻으려면, 우리는 우리에게 잘못을 행한 이들을 용서해주어야 하고 또 우리가 잘못을 행한 이들에게 용서를 구해야 한다. 우리가 용서해주는 것만으로는 충분치 않다. 우리는 또한 다른 이들에게 용서를 구해야 한다. 이 두 가지 다 우리에게는 매우 힘든 일이다. 차라리 하느님께 용서를 구하는 것이 더 쉽다. 왜냐하면 어떤 의미에서 그것은 하느님의 주권에 의해 우리에게 의무처럼 부과된 것이고, 우리가 전적으로 그분께 속해 있다는 것을 인정하는 것도 이론적으로 그리 어려울 것이 없기 때문이다. 물론 여기서 나는 불신자가 아니라 신자의 경우를 말하고 있다. 반대로 그리 위대해 보이지 않는 사람을 무시하지 않고 존중하기란 심지어 신자에게도 결코 쉬운 일이 아니다.

더 나아가 다른 사람에게 용서를 베푸는 것과 그에게 용서를 구하는 것 중 후자가 훨씬 더 어렵다. 다른 사람이 우리에게 용서를 구할 때는, 그들이 마치 우리보다 열등한 상태에 처한 것처럼 보이게 되고, 이것은 우리의 마음에 영향을 주어 우리 안에 교만을 부추긴다. 하지만 우리가 용서를 구하는 것은 우리 자신의 외적인 우월감의 추락을 감수하는 것이고, 다른 사람에게 우리가 종속되어 있음을 인정하는 것이기 때문이다.

용서하는 것을 거부하는 마음과 또 용서 구하는 것을 힘들어 하는 마음의 배후에는 똑같은 교만이 숨어있다. 하지만 용서한다는 것은 우리가 모든 교만을 포기한다는 것을 반드시 의미하지는 않는다. 하지만 용서를 구한다는 것은 우리의 마지막 남은 교만까지도 꺾는 것을 의미한다. 그래서 이 경우에만 우리 마음은 그 어떤 모호한 동기도 없이 진정으로 순수하게 움직인다.

용서하는 것에 대한 거부 혹은 용서를 구하는 것에 대한 거부는 우리 영혼을 완고하게 만든다. 다른 사람이 우리에게 행한 악이 우리의 기억 속에 저장되어 있는 한, 그것은 우리 안에 머물며 우리 영혼을 더럽히고, 끊임없이 중독 시켜, 우리 존재 전체에 악취를 퍼뜨린다. 이 독성의 불꽃 혹은 어둠은 우리 눈을 멀게 하고, 그리하여 우리는 다른 사람을 순수하게 바라볼 수 없게 된다. 이리하여 우리는 하느님을 사랑할 수 없게 되고, 다른 사람 또한 우리를 사랑할 수 없게 된다.

진정한 용서만이 우리의 영혼에 낯선 이 육신을 변화시키고 우리 눈의 가시를 제거해 준다. 오직 하느님의 사랑만이 우리가 다른 사람을 용서할 수 있게 해준다. 수도원장 이사야는 말한다.

> "그대의 노고를 헛되게 하지 않으려면, 누구에게도 악을 행하지 마십시오. 당신 안에서 하느님의 평화를 보기 원한다면, 모든 사람에 대한 당신의 마음을 순결하게 하십시오. 사람이 전갈에게 물리면 그 독이 온 몸에 퍼져 심장까지 손상을 입게 되는 것처럼, 마음속에 이웃에 대한 악감정을 가지는 것도 마찬가지입니다. 그 독은 영혼에 상처를 입히고, 그 질병으로 죽게 만듭니다. 그러므로 모든 노고를 헛되이 잃지 않으려는 사람은 당장 이 전갈, 즉 악의와 적의를 흔들어 떼어내야 합니다."[36]

내가 다른 사람에게 행한 악 또한 우리 영혼을 불안하게 만든다. 우리는 근심에 빠진다. 그것은 우리로 하여금 다른 사람을 똑바로 순수하게 쳐다볼 수 없게 한다. 그와 만날 때마다 우리는 불편함을 느낀다. 왜냐하면 우리가 행한 그 악에 대한 기억을, 그가 여전히 마음속에 간직하고 있지나 않을까 우려하기 때문이다. 나의 교만은 나와 그 사

---

36. Abbé Isaïe, *Recueil ascétique* (『수덕 강론집』), Logos 6, 9, <Spiritualité orientale> 7, Abbaye de Bellefontaine 1970, pp. 87-88.

이의 관계를 정화하지 못하게 방해한다. 내가 용서를 구하는 것만이 우리 둘을 직접적이고 자유롭고 열린 관계로 이끌 수 있다. 만약 용서를 구하지 않고 나의 교만 속에 그대로 머문다면, 나는 하느님 앞에서도 얼굴을 들고 평화로운 마음으로 서 있을 수 없다. 용서를 구하는 마음에는 진정한 회개의 감정이 살아 있어야 한다. 회개는 슬픔으로 눈을 적신다. 그러나 그 눈은 참회의 슬픔을 드러냄과 동시에 직접적이고 맑은 시선을 얻게 된다. 이 진정한 참회와 정직함을 가지고, 나는 먼저 나의 이웃에게 용서를 구한 다음 이제 하느님 앞에 나서서 그분께 용서를 구해야 한다.

하느님께 범한 나의 잘못은 셀 수도 없고 쉴 새도 없었다. 내가 가진 모든 것은 하느님께로부터 온 것이고 그래서 나는 그 모든 것을 그분께 돌려드리고 또 다른 이들에게 내주어야 한다. 나는 그분이 행하신 모든 선에 대해 말과 행동으로 끊임없이 그분을 찬양해야 한다. 그러나 나는 그렇게 하지 않는다. 이런 까닭에 나의 참회는 끝이 없을 수밖에 없고, 그분께 용서와 자비를 구하는 것 또한 끊임없이 이어질 수밖에 없다. 이것이 바로 동방 교회 수도자가 '끊임없는 기도'를 통해서 하느님의 자비를 쉬지 않고 간청하는 이유이다. 그래서 성 대 안토니오스 수도자는 마지막 임종의 순간에도 참회의 시간을 달라 요청했던 것이다. 하느님께 지은 죄는 동시에 다른 사람에게 지은 죄이기도 하고, 그 역도 마찬가지이다. 그러하기에 우리는 다른 이들에게도 끊임없이 죄를 짓고 있으며, 그래서 우리는 쉬지 않고 그들에게 잘못을 용서해 달라고 간청해야만 한다.

어쨌든 이웃과 관계하고 있는 모든 순간에 내가 아무 결함 없이 행동했다거나 혹은 내가 만난 모든 사람에게 내가 해야 하고 또 할 수 있는 모든 선을 행했다고 말하기란 매우 어렵다. 그러므로 결코 악하다고 생각해본 적이 없더라도, 나의 어떤 행동에 대해 누군가가 비판을 할 때, 그 비판을 무시할 것이 아니라 오히려 그것에 대해 책임을 느껴야 한다. 적어도 다른 사람이 내 잘못이라고 판단하는 그 일에 있어서 그런 인상과 판단을 심어준 잘못을 범했기 때문이다.

수도원장 이사야는 다음과 같이 말한다.

> "만일 형제가 참을성이 없어서 그대를 비난한다면, 그것을 기쁘게 받아들이십시오. 왜냐하면 하느님의 뜻에 비추어 그대의 생각을 성찰해 본다면, 그대는 그대가 죄인임을 알게 될 것이기 때문입니다."[37]

매 순간 다른 사람에게 필연적으로 발생하고 또 내게도

---

37. 아빠스(수도원장) 이사야, 위의 책, 5, 18.

영향을 미치는 불가피하고도 끊임없는 불안의 근원에 내가 조금도 관여하지 않았다고 장담하기는 어렵다. 다른 사람에 대한 나의 행동, 나의 생각, 나의 말이 모두 선하다고 주장하기란 어렵다. 또 내가 다른 이들에게 무관심하다는 인상을 조금도 주지 않을 만큼 충분하게 관심을 베풀었다고 확신하기도 쉽지 않다. 우리 모두는 서로에게 죄를 짓는다.

그래서 우리는 한 사람 한 사람에 대한 우리의 행동에 대해 참회해야 한다. 이런 까닭에 우리는 성찬예배 전에 거행되는 '프로스꼬미디' 예식(봉헌 예물 준비 예식) 중에 우리를 기억해 기도해 달라고 사제들에게 청하는 것이다. 또 우리가 우리의 기도 안에서 할 수 있는 한 많이 이름을 불러가며 또 일반적으로는 우리가 알고 있는 모든 이들을 총칭하여 기도하듯이, 또한 우리는 우리가 만나는 모든 사람에게 우리를 위해 기도해 달라고 간청한다. 다른 이들을 위한 우리의 기도 안에는 그들에 대한 우리의 용서가 함축되어 있고, 또 우리를 위해 기도해 달라고 그들에게 요청하는 그 부탁 안에는 우리를 용서해 달라는 간청이 함축된다.

우리는 우리가 알고 있는 모든 죽은 이들을 위해서도 기도한다. 이 기도를 통해 우리는 그들을 용서하고, 또 우리가 죽은 뒤에는 살아있는 이들, 교회가 우리를 위해 기도해 주기를 기대한다. 이렇게 우리는 우리가 죽은 뒤에도 우리를 용서해 달라고, 그것도 단 한 번이 아니라 그들의 평생 동안 계속해서 우리를 용서해 달라고 간청한다. 우리는 우리 조상 그리고 신앙 안에서 안식한 모든 영혼을 위해서 기도하고, 세상이 지속되는 한 이 기도 안에 우리 자신을 위한 기도도 포함되기를 바란다. 죽은 이에 대한 무관심은 우리를 불안하게 하는 하나의 죄이다.

모든 사람 사이의 직간접적인 관계는 그 안에 이미 모든 사람의 불완전성을 내포한다. 적어도 교회 안에서 우리는, 죽음 후에도 지속되는 이 관계 안에 필연적으로 용서의 간청과 용서의 선물이, 또한 만인을 위한 만인의 기도가 담겨 있기를 바란다. 그리고 그 상호 용서와 기도를 통하여 하느님이 우리 모두를 용서해주시길 빈다.

바로 이것이 교회의 보편성(catholicité)이 가지는 본질적 측면이다. 교회는 이 '만인을 위한 만인의 기도' 안에서, '만인의 만인에 대한 끝없는 참회' 안에서 계속적으로 정화된다. 교회의 순결함과 거룩함은 교회 안에서의 삶의 역동적인 차원을 보여준다. 죄인은 결코 교회에서 거부되지 않는다. 죄 없는 구성원은 교회 안에 없다. 참회를 통해, 그리고 하느님의 용서를 얻기 위한 전제인 서로 구하고 베푸는 이 상호 용서와 만인의 만인을 위한 기도를 통해, 모든 구성원은 정화를 향한 이 여정을 함께 한다. 교회는 변화 없고 고정된 어떤 사회가 아니다. 그것은 어떤 추상적인 죄가 아니라 구체적인 죄, 구체적인 인격에게 행한 우리의 불완전한 행위, 그들에게 보여준 우리의 무관심에 대해 서로가 서로를 위해 기도함으로써 정화되어가는 죄인의 공동체이다.

살아 숨 쉬는 이 가족 안에서는 언제든지 불화와 갈등과 죄가 생길 수 있다. 하지만 그것은 바다와 같은 공동체적 사랑, 그 구성원 상호간의 뜨거운 사랑의 물결로 정화되고 극복된다. 모두가 죄를 짓지만, 또한 모두가 서로 용서를 구하고 용서해주고, 또 용서를 위해 서로서로 또 공동으로 기도함으로써 정화에 기여한다. 죄의 상태는 그대로 굳어버리지 않는다. 죄를 범한 사람은 무관심 속에 방치되지 않으며, 가서 용서를 구하라고 요청받는다. 성령의 재촉으로 그들의 양심은 결국 용서를 구한다. 또한 죄는 발생하자마자 참회를 통해 지워지기 시작한다. 죄는 성령이 일으키는 용서와 기도와 사랑으로 이어지는 이 끝없는 파장에 의해 없어져 버린다.

이 안에서 모두는 연합시키시는 성령에 의해 움직여진다. 성령은 순결함으로 인도되는 이 상호 인격적 삶의 동인이다. 이 삶은 교회 안에 냉담하고 완고한 관계가 형성되는 것을 용납하지 않는다. 성령은 자유의 영, 사랑의 자유, 그리고 관계의 영이시다. 그러므로 성령은, 용서를 구하지도 베풀지도 않는 교만에서 비롯되고 또 그것에 의해 유지되는, 불신과 거리감으로 팽배한 그런 냉랭하고 완고한 관계를 결코 용납하지 않으신다. 비록 그 양상이 변화무쌍하다 해도, 정념이 지배하는 곳에는 언제나 어색함, 완고함, 자유의 부재가 지배한다. 오직 성령만이 자유를 주실 수 있는데, 성령은 자신의 교만과 이기적인 정념을 뛰어넘고 고양되어 서로 용서를 구하고 용서해주는 사람들에게 이 자유를 선사하신다.

이 상호 용서와 만인을 위한 만인의 기도는 단지 부정의 차원만 갖는 것은 아니다. 그것은 또한 서로의 영혼을 열어주는 사랑이라는 긍정의 기운을 드러내준다. 성령이 불어오신다고 말할 때, 우리는 그분이 사랑, 생명, 자유를 몰고 오심을 알아차린다. 참된 자유는 사랑과 연결되어 있고, 사랑이 있는 곳에 탁월한 선, 즉 모든 선한 생각과 말과 행동의 근원이 되는 선이 존재한다. 그곳에 또한 생명이 있으니, 이 생명은 운동성이요 개방성이며, 교만과 이기적 정념이 보여주는 고정성으로부터 전적으로 자유롭다.

이렇게 교회는, 성령의 은총으로 가능해지는 상호 용서와 기도를 통해 갱신된다. 교회는 지속적으로 새로워지고, 그 구성원 사이에 사랑의 내적인 유대를 끊임없이 짜나간다. 다시 말해 교회의 내적인 통일성, 교회의 조화, 교회의 보편성을 계속해서 새롭게 회복해 나간다.

  그리스도인이 다른 이에게 행한 죄와 악을 견디지 못하는 것, 그래서 용서를 구하고 베푸는 행위가 반드시 필요하다는 것은, 교회가 스스로를 정화하고 갱신하고 지속적으로 그 통일성과 내적인 유대를 회복해 나갈 수 있게 해주는, 그리하여 그리스도 안에서 하나의 아름다운 교향곡으로 존재하게 해주는 주요한 힘들 중의 하나이다. 그것은 교회가 지속적으로 존재하면서도 끊임없이 젊어지고 새로워지는 신비이다.

3장
정교 신학과 교회의 삶 속에서의 성령

1. 정교 신학과 성령

 교부들의 성령론을 계속 이어오고 있는 정교 신학에 따르면, 성령은 계시 안에서 또 교회 안에서 특별한 위치를 차지하신다. 성령은 하느님과 그분의 피조물 사이의 관계에서 하느님의 사역을 완성해 가신다. 성령은 피조물을, 하느님을 투명하게 비추는 존재로 만들어 가시고, 피조물에게 하느님에 대한 '감각'을 부여하신다. 성령의 활동이 없다면, 계시의 말씀은 인간의 영혼에게 하느님의 말씀으로 나타날 수 없을 것이다.

 분명, 계시의 정점은 '하느님 아들'(성자)의 육화이다. 하지만 인성을 수용하신 하느님의 아들을 계시하시는 분은 성령이시다. 육화 이전에도 그분은 영원히 하느님의 말씀이셨음을 계시하시는 분 또한 성령이시다.

 성자와 성령, 하느님의 말씀과 하느님의 능력은 함께, 피조 세계 안에서 하느님의 계시와 사역을 실현하신다.

계시와 교회 안에서의 성령의 역할이 무엇인지를 설명해주는 근본적인 현실은 바로 성령이 성 삼위 하느님 안에서 어떤 자리를 차지하고 있는가와 관련된다.

성 삼위 하느님 안에서의 성령

정교 교리에 따르면 성령은 "아버지(성부)로부터 나시며 아들(성자)로부터 빛나신다." 이 교리는 콘스탄티노플의 총대주교 키프로스의 성 그레고리오스(1283-1289)에 의해 가장 분명하고 명확한 형식으로 표현되었다.[38]

이 교리에 따르면 성령은 성자로부터 빛나시면서, 성부 앞에만 아니라 동시에 우리들 앞에도 성자를 비추어주신다. 이렇게 성령은 성자를 빛나게 하시는 그 밝은 빛을 가지고 우리의 양심을 뚫고 들어오시어 그 안에서 성자를 아는 능력, 그리고 성자를 통하여 성부를 아는 능력을 강대하게 해주신다.

그러나 그레고리오스 빨라마스 성인에 따르면, 성부로부터 성자에게로 나오시고, 성자로부터 성부를 향하여 빛나시는 성령은, 성부 앞에 성자를 빛나게 하실 뿐만 아니라, 또한 성자로 인한 성부의 기쁨과 성부로 인한 성자의 기쁨을 나타내신다. 성령의 빛은 바로 이 기쁨 안에 있다.

---

38. PG, 142, col 240, 242, 250, 257, 260, 266, 267, 286.

성령이 성자로부터 성부를 향해 빛나심으로써 성자의 빛과 기쁨을 성부께 전달하여 드리듯이, 그분은 또한 우리를 하느님의 자녀로서 빛나게 하시고 성부에 대한 기쁨과 사랑으로 타오르게 하신다.

이렇게 하여 성령은 하느님을 아는 능력과 하느님의 자녀라는 감정을 우리 안에 심어주시고 강화시키신다. 하느님의 자녀라는 감정은 그저 우리 자신의 주관적인 감정인 것처럼 보이지만, 그럼에도 불구하고 이 감정 안에는 성령에 대한 느낌과 성자에 대한 느낌이 함께 새겨져 있다는 것을 우리는 알아야 한다. 그래서 우리는 그 감정 안에서 우리 자신의 인격을 성령과 성자의 위격과 구분한다. 이 감정은 하나의 전체를 형성하지만 그럼에도 위격들은 구분된다.

그러므로 성령은 우리 안에 어떤 관념적인 빛을 가져오시는 것이 아니라, 우리의 마음이 성자와 성부를 향해 타오르게 하는 빛을 가져오신다. 우리 안에 하느님의 빛을 가져오시는 분은 성령이시라는 것을, 구세주는 이렇게 표현하신다.

> "말하는 이는 너희가 아니라 너희 안에서 말씀하시는 아버지의 성령이시다." (마태오 10:20)

또 사도 바울로도 이렇게 쓰고 있다.

> "성령께서도 연약한 우리를 도와주십니다. 어떻게 기도해야 할지도 모르는 우리를 대신해서 말로 다 할 수 없을 만큼 깊이 탄식하시며 하느님께 간구해 주십니다." (로마 8:26)

성령은 성부로부터 나오시고 성자를 통해 빛나시는 동시에 성자 또한 성령의 빛 안에서 빛나신다는 이 같은 표현과 교리에 기초하여, 교부들은 성령을 인간 영혼 안에 신적인 에너지를 들여오시는 위격이라고 생각했고, 또 이 신적 에너지는 인간 영혼 안에서 하느님을 알고 사랑하는 능력이 된다고 여겼다. 이러한 인식을 신학적으로 분명하게 규정한 이는 그레고리오스 빨라마스 성인이다.

뽈 엡도끼모프는 이렇게 말한다.

> "첫 8세기가 그리스도론이 중심을 이룬 시기였다면, 9세기에 이르러서는 그리스도론이 성령론에 그 자리를 내주었다. 성령론은 헤지카즘의 길을 통해서 14세기에 그 절정에 도달했고 성 그레고리오스 빨라마스의 가르침과 다수의 콘스탄티노플 공의회의 규정 안에서 그 교리의 확고한 토대를 발견한다. '인간이 신이 될 수 있도록 하느님께서 인간이 되셨다'는 동방 교부들의 금언은 인간 존재의 '신화'를 구원 경륜의 목표로 제시한다. 이 구원론은 성령 신학과 신적 에너지에 관한 교리의 빛 아래서 더욱 확고하고 결정적인 방식으로 심화된

다."[39]

"빨라마스의 신학 사상은 중세 비잔틴 시대 정교회 성령론을 완성한다. 빨라마스에 따르면, '창조되지 않은 에너지'는 성령과 불가분의 관계에 있기 때문이다."[40]

이 말은 신적 에너지가 오직 성령에게만 속한다고 말하는 것이 아니라, 피조 세계 안에 이 에너지를 가져오시고, 피조 세계 안에서 그 에너지가 효력을 드러내게 하시는 분이 바로 성령이시라는 의미이다.

성령은 성자와 똑같이, 성부로부터 '똑같은 창조되지 않은 에너지'를 받으신다. 하지만 세 위격은 혼동되지 않는다. 성령이 고유한 방법으로 신적 본성을 가지시는 것처럼, 마찬가지로 이 신적 에너지 또한 고유한 방법으로 성부로부터 받으신다.

39. Paul Evdokimov, *Le Saint-Esprit dans la tradition orthodoxe*, Paris, 1970, p. 60.
40. Paul Evdokimov, *Le Saint-Esprit dans la tradition orthodoxe*, Paris, 1970, p. 61. : St. Gregoire Palamas, *La défense des saints hésychastes*, trad. par Jean Meyendorff, Louvain, 1959, p. 572.에서 재인용. 역자주) 그레고리오스 빨라마스 성인의 중요성은 다마스커스의 성 요한에게서 시작하여 중세 비잔틴 시대 공의회들을 통해 성취된 정교회 신학의 종합과 완성이 바로 그가 중심에 서 있었던 헤지카즘 논쟁의 결과였다는 점에 있다. 이 헤지카즘 논쟁은 성령론뿐만 아니라 삼위일체론, 그리스도론, 인간론, 교회론 등 정교회 신학과 영성 전반에 깊은 영향을 미쳤다.

모든 면에서 성령은 성 삼위 하느님의 세 번째 위격으로 역할을 하신다. 어떤 방식으로든 성령은 두 번째 위격(성자)의 위격이 될 수 없다. 성 삼위(三位, Trinité)는 결코 이위(二位, dualité)로 축소될 수 없고, 각각의 위격은 성 삼위 하느님 안에서 구별된다. 세 번째 위격은 다른 두 위격을 그 각각의 구별성 안에서 확증하고, '필리오케'(Filioque) 신학의 어떤 주장들에서 발견되는 것처럼, 다른 어느 한 위격에 속한 것으로 혼동되지 않는다.

아타나시오스 성인은 다음과 같이 말한다.

> "주님이 말씀하셨습니다. 성령은 진리의 영입니다. 주님은 이 말씀을 통해서 성 삼위 하느님이 성령 안에서 완전하게 드러난다는 것을 보여주십니다."[41]

끊임없는 상호 관계성 안에 있고 또 각 위격이 고유하면서 동시에 혼동됨 없이 다른 둘을 함축하는 이 세 위격만이 존재와 관계의 완전성을 드러낸다. 다른 두 위격을 뒤섞지 않으면서 또 이 이위성(二位性, dualité)을 넘어서려면 세 번째 위격이 있어야 한다. 두 위격만 존재한다면, 그 두 위격은 서로 혼동되거나 완전히 분리될 수도 있었을 것이다. 오직 세 번째 위격만이 다른 두 위격 간에 기쁨의 친교를

---

41. St. Athanase, *Epistula ad Serapionem* (『세라삐온에게 보내는 편지』), PG 26, 589.

보장할 수 있다.

성령이 사람 간에 비인격적인 관계를 불가능하게 하시듯이, 성령은 하느님 안에서도 비위격적(비인격적) 관계를 불가능하게 하신다.

세 번째 위격(성령)은 두 번째 위격(성자)의 첫 번째 위격(성부)을 향한 특별한 지향임과 동시에 또한 첫 번째 위격의 두 번째 위격을 향한 지향이다. 성부는 성자를 낳으심으로써 그 자신 앞에, 무(無)의 자리에, 자신과 동등한 한 위격을 내놓으시는 반면, 그 자신으로부터 성령을 발생케 하실 때는 무의 자리에 누군가를 내놓으시는 것이 아니라, 성부로 하여금 성자, 즉 이미 존재하는 한 위격을 향하게 해줄 한 위격을 내놓으신다. 그리고 이 세 번째 위격을 통해서, 두 번째 위격을 향한 첫 번째 위격의 기쁨만 아니라 첫 번째 위격을 향한 두 번째 위격의 기쁨도 드러난다. 첫 번째 위격은 존재하는 모든 것을 존재케 하는 유일한 원천 혹은 원리이기 때문이다. 하지만 세 번째 위격이 성자를 향한 성부의 기쁨의 표징인 것만은 아니다. 공유되지 않는 기쁨은 참된 기쁨이 아닐 것이다. 그러므로 세 번째 위격은 성자로 하여금 '성부로부터 받은 기쁨'을 다시 '성부를 향한 기쁨'으로 변모시킬 수 있게 해주신다.

그것은 단지 성부와 성자만의 기쁨이 아니다. 그것은 또한 한 위격에게서 다른 위격에게로 이 기쁨을 전달해주는 성령의 기쁨이기도 하다.

그래서 그레고리오스 빨라마스 성인은 이렇게 말한다.

> "이렇게 성령은 성부와 성자의 영원한 기쁨이시고, 성부와 성자는 성령 안에서 함께 기뻐하십니다. 이 기쁨(성령)은 성부와 성자로부터 모든 합당한 이들에게로 보내집니다. … 하지만 그 위격적 실존은 오직 성부에게서 비롯됩니다."[42]

이 기쁨이 비위격적인(비인격적)인 것이라면 그것은 다른 두 위격을 분리된 채로 남게 할 것이다. 두 위격 사이의 완전한 기쁨은, 자신에의 몰입을 극복하게 해주고 다른 두 위격으로 하여금 고립된 분리뿐만 아니라 폐쇄된 이위성(二位性)을 동시에 초월하도록 해줄 세 번째 위격의 현존을 원한다.

모든 사역은 세 위격에 의해 실현된다. 그것은 공통의 기쁨과 찬란함이다. 하지만 각 위격은 이 공동 사역을 각각 고유한 방식으로 수행하신다.

성령은 각각의 에너지 혹은 신적인 활동을 그 목표로 이끄신다. 하지만 성령이 그 사역을 성부로부터 부여받지 않

---

42. St. Grégoire Palamas, *Cent cinquante chapitres physiques, théologiques, éthiques et pratiques* (『자연과 신학과 윤리와 실천에 관한 150장』), chap. 36, in : *La Philocalie*, vol. II, en français, Desclée de Brouwer, Paris, 1995, p. 494 : PG 150, 1144-1145.

으시고, 성자를 통해서 드러내지 않으신다면, 또는 성자가 그 사역을 성령을 통해 드러내지 않으신다면, 결코 성령은 그 사역을 그 목적으로 이끌지도 완전케 하지도 못하실 것이다. 성령 안에서 각각의 사역이 그 목적에 도달하게 되는 것은, 공통의 본질 안에만 아니라 각각의 사역 안에도 존재하는 하느님의 완전한 친교가 바로 이 세 번째 위격이신 성령 안에서 드러나고 완성되기 때문이다.

이제 우리는 하느님과 그 피조 세계의 관계 안에서 그리고 구원의 사역 안에서 성령이 얼마나 특별하고도 중요한 역할을 하시는지 이해하게 된다.

성령은 피조 세계 위에 부어지는 하느님의 기쁨이시다. 기쁨이신 성령은 피조 세계를 끊임없이 새롭게 그 창조주께로 정향시켜주고, 하느님과 피조 세계 사이의 분열을 극복하게 해주며, 그래서 이 피조 세계가 충만하게 완성되게 하신다. 성령 안에 수렴된 하느님의 기쁨은 바로 이 성령을 통하여 우리 영혼 안에 흘러들어오고, 이렇게 하여 우리는 성 삼위 하느님의 기쁨 그 자체 안으로 인도된다.

계시 안에서의 성령

그리스도로부터 나오는 신적 에너지를 피조 세계 안에 깊숙이 도입하심으로써, 성령은 인간의 삶과 세상 안에,

하느님에 대한 그리고 그분의 현존과 사역에 대한 '민감성'을 불러일으키신다.

아타나시오스 성인은 말한다.

> "성령이 없다면 우리는 하느님께 낯선 존재, 그분과 멀리 떨어진 존재가 됩니다. 성령을 통해서 우리는 하느님에 참여합니다. 그러므로 우리가 하느님 안에 거하는 것은 우리 자신이 아니라 이 성령께 의존합니다. 그리고 성령은 우리가 신앙 고백을 통해 우리 안에 간직하는 한 늘 우리 안에 계시고 우리 안에 머무십니다."[43]

하느님은 성령 안에서 또 그리스도 안에서, 피조물을 신화(神化, déifier)시키신다. 성령은 피조물을 하느님에 대해 투명한 존재로 만들기 때문이다.

아타나시오스 성인은 다시 이렇게 말한다.

> "말씀(성자)은 성령 안에서 피조물을 영화롭게 하시고 신화(神化)시켜 성부께 바치십니다. 그러므로 피조물을 말씀과 연합시키는 분이신 성령은 결코 피조물일 수가 없습니다."[44]

무엇보다도 이 '민감성'은 영혼에 부여된 능력으로서,

---

43. St. Athanase, *Contra Arianos*, Oratio III (『아리오스 논박』, 세 번째 강론), PG 26, 373.
44. St. Athanase, *Epistula I, Ad Serapionem* (『세라삐온에게 보내는 편지 I』), PG. 26, 589.

이 능력을 통해 영혼은 만물을 초월해 계시는 하느님을 지각한다. 하지만 하느님께 민감한 사람은 사람에게도 민감해진다. 그는 사람 안에서 하느님을 보고, 하느님 안에서 사람을 본다. 그러므로 하느님에 대한 이 감수성은 사람을 참다운 인간으로 만들어준다.

이 민감성의 첫 번째 단계는 신앙이다. 신앙이 커감에 따라, 하느님의 초월적이고 동시에 내재적인 현존에 대한 직관이 사람 안에서 끊임없이 자란다. 이 민감성을 가진 사람은 어디서나 또 모든 것에서 하느님을 본다. 성령에 의해 영혼 안에 심어진 이 민감성은 성령의 것이면서 동시에 사람의 것이다. 언제 어디서나 하느님 현존 안에 있다는 이 느낌은 끊임없는 기도로 이어진다.

이 민감성은 또한 하느님을 향한 깊은 애정, 그분 앞에서 느끼는 예민한 책임감이다. 그리스 교부들은 그것을 "지성의 민감성"[45] 혹은 "영의 민감성"이라고 불렀다.

책임은 두려움, 사명에 대한 순종, 죄를 멀리하고 순결하게 살아야할 의무 등의 형태를 취한다. 이 모든 감정은 성령에 의해 생겨난다. 보잘 것 없는 피조물인 인간 존재 안에서, 성령이 일으키시는 하느님을 향한 이 책임은, 만약 그것이 순결한 열정이라면 예배의 형태를, 만약 그것이

---

45. St. Diadoque de Photicé, *Œuvres spirituelles* (『영적인 설교들』), 34, 36, 37, 39장, <Sources chrétiennes> 5 bis, Paris, 1966.

죄의식과 결합된 것이라면 두려움과 떨림의 형태를, 만약 그것이 하느님의 뜻을 이루어야 한다는 절대적 의무를 드러내는 것이라면 내적 사명의 형태를 띨 수 있다. 성령이 우리에게 전달해주시는 성부의 사랑과 부르심에 대해, 우리 안에서 응답을 일깨우시는 분 또한 오직 성령뿐이시다. 오직 성령만이 이 응답에 열정과 기쁨의 특징을 입혀주실 수 있다. 오직 성령만이 성부를 향한 성자의 감정과 책임성에 우리를 참여케 하실 수 있다.

이 모든 태도는 계시를 받는 이들에게 나타난다. 계시의 첫 단계에서는 하느님의 성령이 놀라운 외적 행위와 그 권능의 현현으로 사람을 놀라게 하셨다면, 예언자를 통한 그분의 행위는 그들을 비롯한 하느님의 백성에게 주어진 영적이고 윤리적인 힘을 통해서 표현된다. 그리고 이 은사는 사람의 협력, 하느님과의 관계를 더욱 심화시키고 자신에게 맡겨진 사명을 완수하며 하느님의 뜻에 부합한 삶을 살려는 인간의 노력을 함축한다.

성령의 특징은 바로 그분이 인간의 영혼 안에서 내주하시고 역사하신다는 것이다. 왜냐하면 영혼은 그 본성상 성령이 그 안에서 활동하실 수 있도록 준비되어 있기 때문이다. 인격의 표현으로서 영혼은 신적 로고스의 한 형상이다. 그리고 위격적(인격적) 하느님과 인간 인격들에 대해 본성적으로 느끼는 끌림으로 볼 때, 영혼은 태초로부터 그 안에 '하느님의 영'(성령)을 지닌다. 죄는 바로 이 지고한 인격(위격)이신 하느님, 그리고 인간 인격과의 관계로 향하는 이 경향성을 약화시킴으로써 영혼 안에 본성에 반대되는 하나의 상태를 조성했다. 성령의 내주(來駐)는 하느님 혹은 이웃과 관계 맺는 능력을 영혼 안에 회복시키고 강화시킨다. 대(大) 바실리오스 성인이 말한 것처럼, 이를 통해서 성령은 영혼을 '본성에 부합한 상태'로, '본성의 본래 아름다움'으로 회복시키신다.[46]

성령이 성자와 성부의 위격적 관계의 완성을 표현한다는 바로 그 사실 때문에, 성령은 또한 성자의 형상으로서의 인간과 하느님의 관계를, 그리고 또 인간과 인간의 관계를 강화시키는 능력을 가지신다.

이렇게 하여 영혼은 하느님에 대해 투명해지고, 하느님 또한 영혼에 투명하게 드러나신다. 거룩성은 성령의 투명성이 영혼 안에 내재하는 상태이고, 동시에 영혼의 투명성은 곧 하느님의 내재성이 된다. 사람은 오직 본성상 거룩하신 성령과 자신을 연합시킬 때만 성화될 수 있다. 성령과 연합된 영혼은 투명해져서, 성자와 성부를 보게 되고, 주변에 하느님을 비춘다. 사람을 하느님과 사람에게 개방

---

46. St. Basile de Césarée, *Sur le Saint-Esprit* (『성령에 대하여』), chap. 9, 23, <Sources chrétiennes> 17 bis, Cerf, Paris, 2002, p. 329 : *De spiritu Sancto*, PG 32, 109.

시키시는 분은 바로 세 번째 위격이신 성령이시다. 성령은 그 자체로서 개방성의 최고 능력이시고, 성부와 성자의 사랑의 끈이시기 때문이다. 성자의 육화 이전에도 성령은 말씀이신 성자로부터 빛나셨다. 그럼에도 불구하고 성령이 인간 존재 안에 충만하게 임재하시는 것은 오직 그리스도 안에서 성취된다. 그리스도는 인간 본성을 자신의 것으로 삼으신 위격이시고, 그래서 그분의 인성 안에 성령을 충만하게 지니신다. 성자의 육화 안에서 성령은 하나의 위격으로 영원 전부터 그러했듯이 성자와 연합되어 있다. 이스라엘의 위대한 지도자들과 예언자들이 그러했듯이 인간으로서의 그리스도는 이렇게 하여 단번에 영원토록 성령을 받으신다. 하지만 그들, 지도자와 예언자가 성령을 통째로 받지 못한 반면, 그리스도는 성령을 통째로 온전히 받으신다. 위격으로서의 성령은 언제나 성자 위에 머무신다. 성자의 육화 안에서도 마찬가지이다. 그리스도의 세례에서 드러난 것도 바로 이것이다. 성령은 성부와 성자 사이에 계시며, 이 둘을 연합시키시고 둘 사이를 끊임없이 오가신다. 성부는 "이는 내 사랑하는 아들, 내 마음에 드는 아들이다."(마태오 3:17)라고 말씀하심으로써 육화하신 성자를 모든 이에게 알려주시고, 성령은 비둘기 모양으로 성자 위에 임하신다. 성자의 육화는 이 현현을 가능케 한다. 사람으로서 성자는 우리 모든 인간을 대표하여 십자가의 희생에 이르는 순종의 사랑을 통해 성부의 사랑에 응답하신다. 그리스도는 그와 성부 사이에 머무시는 성령 안에서 이 영속적인 응답을 행하신다. 사람으로서 그리스도는 성부에 대한 인간의 민감성과 모든 사람을 향한 인간의 책임성을 최고 수준으로 끌어 올리신다. 이런 까닭에 그리스도는 인성을 공유하는 모든 인류 형제와 그리고 또 온 피조물을 위해서 최고의 기도를 성부께 드리신다. 그리스도가 사람으로서 가장 높은 능력을 성부에게서 받으시는 것은 바로 이러한 사실에서 비롯된다. 그 능력은 바로 사랑의 초자연적 능력, 영혼을 변모시키고 본성의 한계를 초월할 수 있는 능력이다.

그럼에도 불구하고 영혼이 하느님께 더욱 민감하도록 만들어주는 이 능력, 영혼의 본성의 법칙을 파괴하지 않으면서도 그 본성에서 연유하지 않는 결과를 야기하는, 모든 영혼에 대한 이 완전한 능력을, 그리스도는 오직 그 자신의 부활의 순간과 특히 그 몸의 승천의 순간에 드러내신다. 그것은 바로 그리스도의 완벽하게 신화(神化, déifiée)된 인간 본성이 성부와 사람에게 전적으로 투명하게 빛나는 순간이고, 사람으로서 또한 일반적인 방식으로, 성부 혹은 사람과 맺는 완전한 친교의 능력을 실현하시는 순간이다.

주님은 사도들에게 성령이 오실 것이고 성령의 능력을 가득 채워주실 것이라고 약속하신다.

> "성령이 너희에게 오시면 너희는 힘을 받을 것이다." (사도행전 1:8)

성령의 힘이 없다면, 다시 말해 오순절이 없다면, 교회는 구체적인 실존을 누릴 수 없었을 것이고 지금까지 지속되지도 않았을 것이며, 그리스도교의 모든 계시는 하나의 확실성으로 승인되고 수용되지 못했을 것이다.

> "내가 말을 하거나 설교를 할 때에도 지혜롭고 설득력 있는 언변을 쓰지 않고 오로지 하느님의 성령과 그의 능력만을 드러내려고 하였습니다. 그것은 여러분의 믿음이 인간의 지혜에 바탕을 두지 않고 하느님의 능력에 바탕을 두게 하려는 것이었습니다." (Ⅰ고린토 2:4~5)

그러므로 우리는 성경이 전하고 있는 사건, 즉 복음 전파의 능력이 드러나는 모든 사건 속에 성령이 계신다고 생각할 수 있다. 왜냐하면 복음은 "믿는 자에게는 하느님의 능력"(고린토 전 1:18)이기 때문이다. "하느님의 나라는 말에 있지 않고 능력에 있다."(고린토 전 4:20)고 했듯이, 도상 중에 있는 하느님 나라로서의 교회는 이 권능의 복음이 영혼을 관통하는 것으로부터 시작되고, 바로 그 권능에 의해 유지되고 발전된다. 오순절 성령강림 사건 때 임하신 성령은 단지 그리스도의 교회를 세우신 것만 아니라, 보이지 않게 작동하는 그분의 '창조되지 않는 에너지들'의 물결로 교회 안에 머무신다.

성경은 하느님 나라가 권능 안에 있음을 강조함으로써 성령과 그 권능이 교회 안에 언제나 드러나고 있음을 보여 주었다. 교회는 그리스도 안에서의 하느님의 계시이고, 그 효력은 바로 성령과 그분의 능력을 통해서 지속된다. 교회는 그리스도 안에서의 계시를 계속 이어 간다. 하지만 그것은 그 계시 내용의 확충이 아니라, 그리스도의 사역과 말씀 그리고 사도들의 사역을 통해 온전히 계시된 그리스도의 활동적인 현존이 성령 안에서 현실화되는 것이다.

성령을 통하여 우리는 우리와 그리스도, 그리고 그리스도의 몸인 우리 사이의 일치를 인식한다. 성령의 능력에 대한 체험을 통하여 그리스도는 우리에게 투명하게 드러나신다.

또한 하느님이 세상을 유지하시고 그 안에서 활동하시는 것, 그리고 교회의 신비를 통하여 세상을 '최종 목적'(τέλος), 그 충만한 완성으로 인도하시는 것도 바로 성령을 통해서다. 하느님이 그분의 구원 계획과 세상의 신화(神化, théosis)를 실현하시는 것 또한 성령을 통해서다. 사람들이 하느님의 계시를 받아들이는 것, 그리고 그런 사람들을 통하여 하느님이 활동하시는 것 또한 성령을 통해서다. 교회는 성령으로부터 흘러나오는 생수를 그 뿌리로 흡수하고, 또 교회를 구성하는 모든 지체도 바로 성령의 살아있는 물로부터 힘, 믿음, 그리고 거룩함을 길어올린다. 그리스도를 믿는 모든 이들의 친교가 실현되고 전개되는 것 또한 바로 이 성령을 통해서다.

이렇게 성 삼위 하느님 안에서 성부와 성자가 구별되지만 그 본질에 있어서 하나이시고 사랑으로 연합되어 있는 분이심을 보여주시는 성령은, 또한 각각 구별되는 우리를 축성하시어 교회를 세우시고, 전적인 친교의 기쁨 안에 연합시키신다. 성령을 통해서 우리는 성부와 성자의 사랑 안에 들어가고, 비록 성자와 우리는 연합 속에서도 절대적으로 구별되지만, 우리가 성자와 연합되어 있는 한, 우리는 우리 모두를 향한 성자와 성부의 사랑의 불꽃을 느낀다. 성령은 하나의 구별된 위격으로서의 불이시다. 우리의 형제이신 성자로부터 빛나시는 불, 우리가 자녀로서 성부에 대해 품는 고유한 사랑이 되시어 우리 안에서 타오르시는 불이다. 성령을 통하여 우리는 그리스도와 연합되어 있고 성부를 향해 정향되어 있음을 느낀다. 이렇게 하여 우리 모두는 교회를 형성한다. 이레네오스 성인의 말씀처럼, "성령이 계신 곳에 교회가 있다."(Ubi Spiritus Sanctus, ibi Ecclesia.) 그렇다면 이 금언의 역, "교회가 있는 곳에 성령이 계신다."(Ubi Ecclesia, ibi Spiritus Sanctus.)는 것 또한 진리이다. 하지만 이레네오스 성인은 이를 다시 한 번 더 구체화시켜 "성령이 계신 곳에 교회가 있고, 교회가 있는 곳에 진리가 있다."[47]고 말한다. 여기서 진리는 실재의 충만이라고 말할 수 있다. 실재의 충만, 그것은 바로 사람이 되신 하느님이고, 그분과의 친교이다.

교회란 바로 이런 것이다. 충만한 인격적 친교의 경험을 가능케 하는 것은 바로 육화(Incarnation)이다. 오직 인격과의 친교만이 존재한다. 그리고 그 무한한 신비를 보존하시면서도 우리로 하여금 그 신비에 접할 수 있게 하신 존재로서의 완전한 인격, 그분은 오직 육화하신 하느님 그리스도시다. 우리와 그리스도의 친교 안에서만, 그리고 그분의 몸인 교회 안에서만 참된 생명, 참된 기쁨이 존재한다.

하지만 그리스도는 바로 그분 자신이 성 삼위 하느님의 위격들 간의 무한하고 완전한 친교 안에 사시기 때문에, 우리 안에 이 친교를 빛나게 하실 수 있다. 그리스도는 우리에게 성령을 주심으로써 성 삼위 하느님의 이 완전한 친교의 영을 우리에게 부어주신다.

다른 사람과의 친교가 단절된다는 것은 곧 죽음이다. 하지만 설사 사람과의 친교가 존재할지라도, 무한하고 신적인 위격(인격)들의 무한한 일치이신 하느님 안에서 그 친교의 원천과 토대를 발견하지 못할 때, 인간 인격 간의 친교

---

47. St. Irénée de Lyon, *Contre les hérésies* (『이단 논박』), Livre III tome 2, 24, 1, <Sources chrétiennes> 211, Cerf, Paris, 2002, p. 475 ; *Adversus Haereses*, III, 24, 1, PG 7.

역시 죽고 만다.

　인격과 인격의 관계는 실재와 신비로 파고 들어가는 유일한 길이다. 그것은 한 인격이 다른 인격 안에서 사랑으로 충만하게 깊어지는 것이다. 바로 이것만이 생명과 기쁨을 가져다준다. 하지만 성령이 하느님 안에서, 또 자신을 계시하시는 인격적 하느님의 신비 안에서 타자를 우리에게 보여주실 때만, 흘러넘치는 깊은 샘으로 또 끝없는 생명의 원천으로 드러나는 타자를 우리는 가질 수 있게 된다. 결코 마르는 법이 없이 생명과 빛이 흘러넘치는 유일한 인격은 바로 그리스도의 인격이다. 오늘날 많은 젊은이가 요가나 힌두교의 형이상학을 통해 얻고자 하는 신비 체험은, 만약 그것이 그리스도와의 인격적 교제에 그리고 또 '신-인간'이신 그분의 인격의 깊이와 온기에 도달하지 못하는 한, 결국 실패로 돌아가고 말 것이다. 인간의 인격은, 성령의 불꽃을 통해서 알려지는 그리스도의 '신-인적'(divino-humain) 인격 안에서만 고독이라는 지옥으로부터 구원될 수 있다. 그것은 오직 그리스도의 인격과만 충만하고도 고갈되지 않는 친교가 가능하기 때문이다. 그것은 또한 오직 예수 그리스도 안에서만 사람들 간의 중단 없는 친교로서의 성령과 교회를 발견할 수 있기 때문이다.

　이 모든 이유로 인해, 성령은 사람을 '불타는 떨기나무'로 만드시는 위격이시다. 또 성령은 우리가 예수의 이름을 항상 생각 안에 간직함으로써 끊임없이 그리스도 안에서 살고자 노력하면, 우리를 그리스도의 빛으로 가득 채워주시는 위격이시다. 하지만 교회만이 우리 안에서 '끊임없는 예수기도'를 유지해 줄 수 있다. 올리비에 끌레망이 지적한 것처럼, 교회는 세상 속에 있는 거대한 '불타는 떨기나무'이고, 그 무한한 불은 바로 성령이시다.

2. 교회의 삶에 계시는 성령

교회 안의 성령의 투명성

교회는 성령이 세상 속에 도입하시는 '창조되지 않은 신적 에너지들'의 특별한 장이다. 교회는 믿음으로 계시를 받아들이는 사람들의 인성 안에 결합된 하느님의 활동적 계시이다. 교회는 육화(Incarnation)의 확장이다. 대 바실리오스 성인의 표현에 따르면, 교회는 그리스도의 신비로운 몸이고, 계시는 그 안에서 열매를 맺는다.[48]

하느님의 계시가 성화와 구원의 사역을 성취하고 이러한 목적을 위해 그 권능을 드러내는 것은, 바로 교회 안에서, 교회라는 형식을 통해서다.

---

48. Basile de Césarée, *Sur le Saint-Esprit* (『성령에 대하여』), chap. 16, Sources chrétiennes 17 bis, Cerf, Paris, 2002 ; *De spiritu Sancto*, PG 32, 140.

그리스도 안에 머무시기에 당연히 교회 안에도 머무시는 성령을 통해서, 주님은 그 말씀으로 또한 그 직접적인 행위로 계속해서 교회 안에 그 권능을 발휘하신다. 특별히 주님은 성사와 거룩한 직무를 통해서, 그리고 교회의 기도에 대한 신실하고도 긍정적인 응답을 통해서 그 능력을 행하신다. 교회는 병자의 치유를 위한 기도, 적으로부터의 보호를 위한 기도, 모든 선인 일에서의 성공을 위한 기도, 마음의 밝혀주심을 위한 기도, 죄 없는 삶을 위한 기도, 그리고 구원을 위한 기도 등 많은 기도 안에 나타나는 믿음을 통하여 그리스도와의 관계를 유지해 나간다.

신자는 교회에 와서 개인적인 기도와 사제의 기도를 통해 하느님이 그들의 모든 필요에 대하여 도와주시길 간구한다. 신자는 또한 자신을 위해 함께 기도해주길 간청하며 사제를 집으로 초대한다. 그러면 사제는 그 집을 방문하고 성수를 축성하면서 기도를 드린다.

> "당신의 판단 위대하시고 당신의 행위 놀라우신 우리 주 하느님이시여, … 생명을 창조하시고 모든 복을 나눠주시는 당신의 지극히 거룩하신 성령을 선물로 보내주시어, 이 물을 강복하소서. 이 물을 나누어 마시고 뿌릴 때, 정념의 흔적을 말끔히 씻어주시는 당신 복을 우리에게 보내주소서. 당신께 간구하오니, 우리의 비참함을 생각하시어, 우리 영혼과 몸의 모든 질병을 당신의

자비로 고쳐주소서!"[49]

이 기도에서 영혼은 완고함을 버리고 하느님의 에너지에 예민하게 반응하며, 그것에 수용적이고 개방적인 상태로 변화한다. 교회는 사람 사이에서 그리고 그들 안에서 영구적으로 활동하시는 하느님 능력의 장이요 형식이다. 왜냐하면 교회는 기도하는 곳이기 때문이다. 기도는 하느님이 행동해 주실 것을 간청하고, 하느님은 기도를 들으시고 행동하신다. 교회는 우리의 기도와 하느님의 권능이 민감하게 만나는 장이다.

성령을 통하여 교회의 지체들에게 역사하시는 그리스도의 힘에 대한 믿음이 없다면, 정교회 안에서 기도가 가지는 중대한 의미를 우리는 결코 이해할 수 없을 것이다. 하느님의 행동을 간청하는 우리의 기도 못지않게 하느님의 응답 또한 성령이 하시는 일이다. 교회는 성령의 무대이고 그래서 구원이 성취되는 장이다. 신자들이 집이나 그 어떤 곳에서 드리는 기도라 할지라도, 그 기도 또한 교회의 기도라는 사실을 명심해야 한다. 교회는 그 지체 중 한 사람이라도 있는 곳이라면 그 어디에나 현존하기 때문이다.

기도는 '협력'(synergie)[50] 안에서 일어나는 구원을 내포

---

49. 성수식 기도문 중에서.
50. 하느님의 '창조되지 않은 에너지'과 인간의 '창조된 에너지' 즉 하느님의 은총과 인간의 자유로운 순종의 연합, 협력을 의미한다.

한다. 변화와 구원을 가져오는 그리스도의 능력을 얻는 것은 바로 기도를 통해 가능한 것임을 알고 있는 이들, 이 능력에 매우 민감하고 또 그것을 경험할 수 있게 된 이들, 교회는 바로 이런 사람들의 기도 공동체로 드러난다.

그러므로 기도는 가장 완전한 신학, 그 최종 목표로 인도된 신학이다. 기도할 때 우리는 하느님이나 믿음에 대한 사변에 머물지 않고, 그 에너지의 현현, 즉 기도에 응답하는 힘 그리고 사람 안에서 기도에 대한 갈증을 더욱 증폭시키는 그 힘 안에서 하느님을 체험한다. 우리는 하느님의 구원 행위를 그 모든 능력 안에서 체험한다.

이런 까닭에 폰투스의 에바그리오스는 이렇게 말할 수 있었다.

> "만일 당신이 신학자라면 진실로 기도할 것이요, 당신이 진실로 기도한다면 당신이야말로 신학자입니다."[51]

신자들이 교회에 오는 것은, 오류가 없는 탁월한 논리이건 아니면 신학자들 저마다의 다양한 해석 중 어느 하나이건 간에 그 어떤 이론 강의를 듣고자 함이 아니다. 그들이 교회에 오는 것은 오히려 기도 안에서 하느님의 구원하시는 능력을 얻기 위해서다. 교회 본연의 친교는 미학적 관

---

51. Evagre le Pontique, *Le Traité de l'Oraison* (『기도에 대하여』), chap. 60.

상의 대상이나 추상적 사고의 대상이 되어서는 안 된다. 그것은 기도에 뿌리를 둔, 지극히 다양하고 구체적 필요에 대한 신자 상호간의 봉사와 도움의 형태를 띠어야 한다. 교회의 친교는 신자 상호간의 긴밀한 사랑과 봉사 그리고 서로를 위한 뜨거운 기도 안에서 느껴지는 하느님의 현존과 도우심에 대한 공통된 체험이다. 신자는 공동으로 서로를 위해서 기도를 드리고, 그렇게 함으로써 더욱 쉽게 그리스도 안에서의 일치와 그리스도의 능력을 체험한다. 특별하게는 각자의 구체적 필요를 위해 그리고 일반적으로는 모든 이의 보편적 필요를 위해 하느님의 도우심을 간청하는 이 친교에는, 천사와 성인도 포함된다.

> "모든 하늘의 천군 천사여, 주의 선구자여, 거룩한 열두 사도여, 모든 성인들이여, 성모님과 함께 우리의 구원을 위해 중보하소서."[52]

교회에서 봉사의 역할도 그리스도의 능력을 통해 설명된다. 교회는 이 구원의 능력이 사람들에게 전해지는 유기체이다. 교회 안에서 생동하는 이 능력은 교회로 하여금 사람을 사랑할 수 있게 해준다. 기도에 기초한 친교가 사람 가운데서 빛날 수 있게 해준다.

그러므로 교회의 예배는 결코, 오직 지성을 통해서만 관

---

52. 『성모 소기원 의식』, 성모님께 바치는 까논, 9오디 성가 중.

상될 수 있고 사람과 사람의 필요는 깜깜하게 다 잊어버린, 그 자신의 초월성 안에 갇혀버린 어떤 신에게 드리는 찬양이 아니다. 그것은, 지금 당장이라도 행동하실 수 있고 도우러 오실 수 있는 능력으로 신자에게 신뢰를 주시는 그런 하느님의 위대한 업적에 대한 찬양이다.

신자는 옛적에 행하신 일로 인해, 그리고 중대한 죄인에 이르기까지 인류의 모든 다양한 범주의 사람에게 이 계시를 펼쳐내시면서 베풀어주신 용서로 인해 하느님을 찬양한다. 이 기억은 바로 이 하느님이 그를 또한 도우실 것이라는, 그리고 그의 현재 요청에도 응답해 주실 것이라는 희망을 신자에게 제공한다. 또한 신자는 하느님이 그에게 베풀어주신 것에 대해 감사의 찬양을 드린다. 하느님께 드리는 예배는 신자의 구체적인 요구와 긴밀하게 관련되어 있다. 하느님은 사람이 선을 행할 수 있도록, 또 사람 안에 있는 모든 선한 열망이 성취될 수 있도록 삶의 다양한 조건 속에서 도우심을 베푸신다. 그리고 구원은 하느님의 이 도우심과 결코 분리되지 않는다. 하느님은 인간과 세상을 향한 당신의 사랑을 끊임없이 보여주신다. 만약 이 사랑이 없다면, 하느님은 사람의 구원에 관심을 두지 않으셨을 것이다.

우리는 하느님께 뭔가를 간청하기 전에 그분을 먼저 찬양한다. 또 우리는 하느님을 찬양하면서 언제나 그분께 뭔가를 간청한다.

정교 신앙에 있어서 교회란 하느님의 권능이 기도 안에서 끊임없이 체험되는 영적인 공간이고, 또 성령이 권능으로 체험되는 장이다. 그리고 하느님의 현존과 활동에 대한 신자의 이 영적 민감성도 성령에 의해 생겨난다. 기도를 통해서 계속 이어져 온 교회의 거룩한 전통은 바로 그리스도의 구원 사역이 성령을 통하여 교회 안에서 계속 이어져 왔음을 의미한다.

교회는 '보편성'(catholicité)을 가진 공동체의 기도 안에서, 또 모두를 포괄하는 영속적인 공의회성(conciliarité) 안에서, 그리스도를 권능의 원천으로 체험해왔고, 또 그렇게 확신한다. 생명의 원천이신 그리스도는 무엇보다도 전례적 체험 안에서 알려지신다. 이런 까닭에 '인간의 기도와 하느님의 권능의 만남'의 형식이고, 또 교회와 교회의 주님 간에 이뤄지는 대화인 예배는 정교회에서 너무도 중요하다.

공동체 전체의 행위인 예배는 그리스도 안에서의 삶이라는 교회의 통일성을 반영하고 지탱해준다. 이 공적인 예배 안에서 성령은 영혼으로 하여금 하느님과의 개인적인 관계뿐만 아니라, 믿는 이들 간의 친교인 공동체 전체가 하느님과 맺는 관계에 대해 더욱 더 민감하게 만드신다. 성령은 신자 각자의 마음속에, 자신이 형제의 구원에 관하여 하느님 앞에서 책임을 지고 있다는 감정과, '하느님을 향한 모두의 공통된 사랑'과 같은 것이기도 한 '형제에 대한 사랑'을 불러일으킨다. 함께 모여 기도드리는 것은 이 모든 것을 촉발시키고 또 표현한다. 그러므로 성령의 활동적인 투명성은 특별히 이 예배 안에서, 그러므로 당연히 이 공동체적 예배의 주체인 교회 안에서 경험된다. 성령은 무엇보다도 교회 안에서, 교회의 성사 안에서, 특별히 그 모든 성사의 심장부에 위치해 있는 성찬 예배 안에서 드러나신다.

신자의 개인적인 기도가 큰 가치를 지니는 것은, 그것이 교회의 삶과 신앙에 참여하는 것일 때 그렇다. 공동의 기도 안에서, 신자는 각자의 구체적인 상황에 따른 개인적인 간구를 끼워넣을 수 있다. 그러나 만일 개인적인 기도나 공적 예배의 기도가 기도드리는 사람에 의해서 혹은 교회 공동체 전체에 의해서 매번 바뀐다면, 공동체의 통일성은 훼손되고 그리스도와 그 사역은 더 이상 동일한 전망 안에서 그 무한한 풍요로움을 날마다 더욱 새롭게 심화시켜나가는 방식으로 이해되지 못할 위험이 있다. 신자의 지속적인 일치를 형성해나가는 일 또한 그로 인해 큰 어려움을 겪게 될 것이다.

정교 신앙의 내적 통일성은 항상 '동일한 성찬예배와 전례 전체'에 의해 양육되는 폭넓고 지속적인 통일성이다.

바로 이 전례 안에서, 하느님의 권능은 '하느님의 창조되지 않은 에너지들'의 장인 이 폭넓은 교회 공동체의 기도에 대한 하느님의 응답으로 경험된다.

정교회 공동체는 결코 어떤 소수 특별한 사람이 중심이 된 제한된 집단으로 분화되지 않는다. 성령이야말로 기도와 친교의 능력이요, 그래서 성령은 그 자신 안에 모든 사람을 불러 모으길 원하시는 그리스도에 대한 공동의 경험으로 나타나신다는 것을 정교회 공동체는 잘 알고 있기 때문이다. 교회의 기도는 모든 사람을 그리스도 안에 불러 모으시는 성령께 협력(synergie)하는 일이다. 개인적인 기도도, 모든 이들 안에서 기도하시고 그리스도의 총체적인 계시 안에서 모든 사람의 일치를 더욱 굳세게 하시는 성령의 능력에 의해 이뤄진다. 그리하여 각 사람은 모두를 위해 기도하고, 또 모두는 각 사람을 위해 기도한다.

각각의 성사는 '에삐끌리시스'(επίκλησις, '청원'을 의미, 성령 기도)를 포함하고, 바로 성사의 이 지점에서 우리는 성령의 에너지를 받는다. 하지만 이 '성령 기도'는 교회 전체의 이름으로 드려지고, 성령의 은총은 성사에 참여하는 사람에게 임한다. 각 신자는 바로 성사를 통해서 교회와 한 몸이 되고, 성령의 창조되지 않은 에너지로 살아가는 교회 안에서 자란다. 성령은 교회 안에 임하시고, 성사에 참여하는 사람을 굳게 세우시며, 공동체에의 소속감을 강화시키신다. 성령은 그리스도의 신비스런 몸으로부터 혹은 그리스도의 몸 안에 주어지고, 이 몸을 강화시키며 확장시키신다.

넓은 의미에서는 교회의 기도와 그 지체들의 기도가 전부 하느님의 능력이신 성령을 간구하고 또 성령을 받고자 하는, '성령 기도'라고 말할 수 있다. 이러한 전망 안에서, 신자는 매일 모든 일을 '에삐끌리시스'로, "하늘의 임금이시여…"[53]로 시작되는 '성령 기도'로 시작한다. 그러면 성령은 그분의 창조되지 않은 에너지들 중 어떤 것을 주신다. 왜냐하면 이 간구는 그리스도의 유일한 몸 안에서 실현되고, 그리스도의 영의 권능을 청하는 것이기 때문이다. 하지만 이 성령은 이 신비스런 몸을 생동케 하고, 신자 각자를 위해서, 교회 공동체의 강화를 위해서, 그리고 그리스도의 신비스런 몸의 풍요로움을 위해서 필요한 은사를 신자 각자에게 나눠주신다.

성령은 신적인 에너지를 인간의 깊은 내면에 도입하신다. 그리고 이 신적 에너지는 성자 안에서 우리 모두를 연

---

53. (역자주) 거의 모든 전례와 예식을 시작하는 기도이다. 전문은 다음과 같다 : "하늘의 임금이시여, 위로자시여, 진리의 성령이시며, 어디에나 현존하시며 온갖 것을 채워주시는 이여, 행복과 생명을 주시는 이여, 오시어 우리 안에 머무르사, 우리의 불결하게 된 모든 것을 깨끗하게 하시고, 선하신 이여, 우리 영혼을 구해 주시옵소서. 아멘." 한국 정교회의 『매일 의식서』에서 인용.

합시키고 그리하여 우리로 하여금 성자와 성부의 관계에 참여케 한다. 성찬 예배에서 우리가 주님의 성체성혈과 더불어 받아 모시는 성령은 우리로 하여금 '그리스도와 한 몸(concorporel), 한 피(consanguin)를 가진 존재'로 만드시고, 우리를 주님의 '성령 충만한' 몸과 피에 통합시키신다.

실제로, 성령은 거룩한 봉헌물을 주님의 몸과 피로 거룩하게 변화시키신 다음 그것에 참여하는 신자 또한 변화시키신다. 예루살렘의 끼릴로스 성인의 말처럼 "우리는 성령을 보내주시길 간청한다. 왜냐하면 성령은 접촉하는 모든 것을 변화시키는 분이시기 때문이다."[54]

성령은 우리를 하느님께 더욱 민감하게 만들고 성화시키고 신화시킴으로써 변하게 하신다. 성령은 사람을 성 삼위 하느님과의 사랑의 관계 안에, 그래서 또한 다른 신자와의 사랑의 관계 안에 놓으신다. 성령은 세 번째 위격이고, 바로 이 성령 안에서 다른 두 신적 위격(성부와 성자)은 모든 분리의 장벽을 뛰어넘는 사랑의 충만 속에서 만나신다. 이렇게 하여 원죄로부터 비롯된 모든 분열의 보편적이고 궁극적인 극복이 그리스도의 영 안에서 실현된다.

성령은 신자로 하여금 하느님께 보다 민감해지도록 만들고 또 기도 안에서 서로 연대하게 하며 서로 간에 책임

---

54. St. Cyrille de Jérusalem, *Catéchèses mystagogiques* (『신비 성사 입문』) V, 6, <Sources chrétiennes> 126 bis, Cerf, Paris, 2004, p.155.

성을 느끼게 하는 역할을 교회 안에서 감당하시기에, 정교회는 친교 안에서의 삶을 발전시킬 무한한 가능성을 소유한다.

감사의 성찬예배 안에서, 정교회 공동체는 성령을 통해 빵으로부터 변화된 주님의 몸이 "모든 이를 위해 떼어지고", 똑같은 '사랑의 성령'을 통해 포도주로부터 변화된 주님의 피가 "모든 이를 위해 부어진다"는 것을 깨닫고 고백한다.

그리스도의 몸과 피는 모든 이들 간에 사랑, 그리고 또 모든 이들을 향한 사랑을 가능케 하는 매개이고 양식이다. 왜냐하면 바로 성령이 그 몸과 피 안에 현존하시기 때문이다. 지금 성령의 현존은 어떤 점에서는 마치 미래의 담보처럼 감추어져 있다. 하지만 바로 그러한 점에서 그 현존은 매우 역동적인 방식으로, 우리 모두를 그리스도에 충만히 참여하게 하고, 그분께 개방되게 하며, 또한 동시에 모든 사람이 서로에 대해 개방적이고도 보편적인 친교를 맺어 나가도록 인도한다.

성령의 이 역동적 현존은 예배 안에 종말론적 긴장과 개방성을 제공해준다. 그리고 이 종말론적 긴장과 개방성은 공동체로 하여금 그것이 향하고 있는 최종적 완성에 대한 투명성 안에서 살아가게 하고, 또 공동체가 생명과 충만을 주시는 성령에 의해 존재하고 지탱된다는 신념을 가지고 살아가게 한다. 종말(ἔσχατον)은 성령이 '신적이고 신화시키는 에너지와 영광'으로 완전하게 드러나는 것이다. 바로 이 성령의 에너지와 영광은 종국에 가서는 사람과 하느님의 그 강렬한 친교를 이루게 하고 또한 보편적이고 완전한 그 친교의 실현을 통해 타락한 세상의 분열 상태를 최종적으로 극복할 것이다. 성 요한 크리소스토모스 성찬예배에서 봉헌물의 축성 후에, 우리는 성령의 온기와 사랑으로 충만한 주님의 몸과 피를 받아 모심으로써 우리가 '하늘' 왕국의 상속자가 되게 해달라고 간청한다.

성령은 교회의 기도를 통해 우리 안에 부활을 향한 긴장을 유지토록 해주시는 힘이다. 우리의 부활을 실현시켜 주실 분 또한 성령이니, 바로 그 부활로 인해 우리는, 주님의 사랑의 보화를 기쁘게 누리는 가운데, 똑같이 투명해진 우리 자신의 몸으로, 부활하신 그리스도의 전적으로 투명한 그 몸에 참여하게 될 것이다.

교회는 그리스도의 성령의 능력에 힘입어, 부활을 향해, 또 그리스도와의 완전한 친교와 믿는 모든 이들의 완전한 친교가 실현되는 형언할 수 없는 충만을 향해 전진하는 공동체이다. 교회는 모든 사람이 이 길을 가길 원한다. 그래서 성자의 경륜과 구원의 계획이 성령을 통한 그리스도의 계속적인 행위를 통하여 그 궁극적인 열매를 맺게 되길 원한다. 성령은 권능으로 충만한 지휘자로서, 특별히 하느님 능력이 펼쳐지는 장으로서의 교회를 통해 또 그 안에서 역사하시면서, 피조 세계 전체를 하늘 왕국으로 이끌어 가신다. 이 광대하고 참으로 영원한 전망 아래서, 이 참된 '앎'의 빛 아래서, 하느님의 권능은 성령을 통해서 우리를 움직이게 하신다. 바라봄(vision)은 역동성(dynamisme)과 분리될 수 없고, 역동성은 또한 원대하고 빛나며 끝이 없는 이 바라봄과 분리될 수 없다. 감동은 그 안에 신앙의 지식을 포함하고 그래서 안정성을 띤다. 역으로 신앙의 지식은 사람 전체를 감동시킨다.

대 바실리오스 성인은 『성령에 대하여』[55]에서 예배를 "종말을 향한 개방"이라고 언급하였다. 이렇게 하여 우리는 역사에 대한 참된 이해, 그리고 그 역사에 능동적으로 참여하는 힘을 얻는다. 대 바실리오스 성인이 말하고 있듯이, 사도들로부터 기원하는 전통에 따라, 궁극적이고 완전한 오순절 성령 강림이 될 하늘 왕국을 향해 걸어가고 있음을 보여주기 위해서, 우리는 빠스까(부활 대축일)와 오순절(성령강림 대축일) 사이의 기간을 포함하는 연중 전례 기간의 모든 시기에 선 채로 기도드려야 한다. 우리는 우리 자신이 잠재적인 부활의 당사자가 되어, 우리 안에 부활하신

---

55. 성 대 바실리오스, 27장 : Basile de Césarée, *Sur le Saint-Esprit* (『성령에 대하여』), chap. 27, <Sources chrétiennes> 17 bis, Cerf, Paris, 2002, p. 478-491 ; *De spiritu Sancto*, PG 32, 186-191.

그리스도의 영을 지니고 걸어간다.

　성 바울로 사도가 말한 것처럼(필립비 3:14) 또 니싸의 성 그레고리오스가 그의 '영적 상승의 교리'(doctrine de l'épectase)에서 또한 강조하고 있는 것처럼, 성찬예배를 드리면서 우리는, 우리가 여정 중에 있는 존재임을, 이 지상에 '영원한 도성'(히브리 13:14)을 둔 자들이 아님을, 이 세상 그 어떤 상황에도 결정적으로 붙잡혀 있지 않음을, 다만 우리는 매순간 더 멀리 전진하기 위해 노력하고 있음을, 매순간 더욱 높이 올라감으로써 도달한 단계들을 뛰어넘으려 노력하고 있음을 보여준다. 부활하신 그리스도의 영은 우리를 매순간 더욱 힘찬 역동성 안에 있게 하시고, 진보를 향한 인간 영혼의 열망에 올바른 방향과 참된 의미를 제공해주신다. 비록 그것을 인식하지 못할지라도, 성령에 의해 일어나는 이 그리스도교적 역동성의 물결은 온 인류에게로 퍼져나간다. 부활하신 그리스도의 영은 우리를 내부로부터 종말론적 오순절 성령 강림으로 인도하시고, 바로 그때가 되면 그리스도의 투명한 몸의 충만함으로, 또 그리스도와의 연합을 통해 투명함 안에서 전진하게 될 우리 마음의 충만으로 흘러넘칠 것이다.

3. 카리스마따 (성령의 은사)
: 19~20세기 루마니아 정교회의 세 분 영적 아버지

성령 안에서의 교회의 삶이란 본질적으로 기도의 삶이고 또 그에 대한 응답으로 신적 권능을 체험해가는 삶이라고 우리는 말했다. 이 체험은 공적인 예배뿐만 아니라, 교회적 친교를 온전히 자각하며 드리는 모든 특별하고도 개인적인 기도 안에서도 일어난다.

여기서 교회의 어떤 구성원들의 더욱 강렬한 기도는 그들로 하여금 성령 안에서 하느님의 현존과 권능을 더욱 위대하게 체험하게 한다는 것, 그리하여 그들로 하여금 소위 정교회에서 '영적 스승'이라고 불리는 '성령의 충만한 은사를 담지한 사람'(charismatique)이 되게 한다는 점을 분명히 하자. 이 '영적 스승'은 교회의 전례 기도와 개인 기도 생활뿐만 아니라, 교부들의 금욕적이고 영적인 저작을 통해서 자양분을 얻는다. 그들은 이 저작들을 가끔은 직

접 독서를 통해서 알게 되기도 하지만, 대부분의 경우에는 이 저작을 구체적인 삶으로 육화시킨 그들의 영적 아버지의 삶을 통해서 알게 된다. 그들은 이런 방식으로 정념의 정화에 대한 가르침과 끊임없는 기도의 방법을 배운다. 이렇게 하여 그들은 본성을 영적으로 변화시키고, 그래서 이제 그들의 본성은 다볼산 위의 그리스도가 그랬듯이 성령과 신적인 빛을 온전히 투과할 수 있게 된다. 그리하여 그들은 하나의 신적 에너지이기도 한 이 빛을 영성(영적인 삶)을 통해, 즉 초자연적인 능력과 사람을 향한 무한한 사랑을 통해 빛나게 하고 밝히 드러낸다.

여기서 한 가지 주목해야 할 것은 이들 영적 스승들은 교회의 다른 지체들과 동떨어진 특별한 은사 집단을 결코 형성하지 않는다는 점이다. 왜냐하면 그들이 정화하기 위해 분투하는 정념 중 주된 하나가 바로 교만이기 때문이다. 도리어 그들은 지극한 겸손을 얻어서 자신을 죄인들 중에서도 가장 큰 죄인이라고 생각한다. 그들은 또한 교회에 대해, 성직의 은총에 대해 무한한 공경심을 가진다. 그들은 "주 예수 그리스도 하느님의 아들이시여, 죄인인 나를 불쌍히 여기소서"라는 '예수기도'의 끊임없는 실천을 통하여 자신들의 겸손을 더욱 심화시킨다. 그들은 모든 사람을 그리스도처럼 여긴다. 동시에 그들은 세상에 대해 눈을 감지 않고 오히려 섬김의 사역을 통해서, 적어도 모든 이들을 위한 기도를 통하여, 사람에 대한 그들의 사랑을 증언한다.

이제 우리는 루마니아 정교회의 위대한 영적 스승 몇 분을 소개할 것이다. 루마니아 정교회는 분명 이런 점에서 러시아 정교회나 그리스 정교회보다 덜 알려져 있기 때문이다.

체르니카 수도원의 칼리니코스 성인

루마니아의 수도 부쿠레슈티 인근에 있는 체르니카(Cernica) 정교회 수도원의 칼리니코스(Callinique) 성인은 이 위대한 '성령의 사람들' 중 한 분이다. 그는 1780년에 태어나 1868년에 안식했다. 젊어서 수도자가 된 그는 건장한 성인 남자만 견딜 수 있는 매우 엄격한 금식으로 아직 여리기만 했던 그의 몸을 쳤다. 오랫동안 그는 결코 배불리 먹는 법이 없이 오직 조금의 빵과 물로 만족했다. 밤에는 겨우 세 시간만, 그것도 침대가 아니라 의자에 앉아서 잤다. 낮에는 다른 수도자들과 함께 매우 힘든 노동에 참여했다. 그는 결코 고기나 생선을 입에 대지 않았고, 오직 푸성귀만 먹었다. 그가 70세가 되었을 때, 교회는 그에게 주교직을 맡겼다. 하지만 그는 여전히 금욕적인 삶을 계속 이어 나갔고, 늘 남루한 수도복을 입고 다녔다.

그가 금욕을 통해 추구했던 것은 단지 정념을 죽이는 것만은 아니었다. 그는 또한 그것을 통해 정념에 대립되는 덕을 발전시키고자 했다. 성인은 그처럼 내적으로는 관용과 인내와 겸손 그리고 특별히 사랑을 함양했다. 불행을 당한 이와 함께 고통을 나누었고, 도움이 필요한 모든 이에게 아낌없이 도움을 베풀었다. 요청된 각종 의식을 거행해준 것에 대한 감사로 신자들이 돈을 주면, 그는 그 돈을 곧바로 모두 가난한 이들에게 나누어 주었다. 그리고 여러 도시에 살고 있는 도움이 필요한 사람들의 목록을 만들어서 가지고 있다가 누군가 돈을 기부하면 바로 그들에게 보내주곤 했다. 보내줄 돈이 하나도 없을 때는, 주변 사람들에게 "그리스도의 이 가난한 형제를 도울 수 있게 돈 좀 주십시요!"하면서 눈물로 간청하기도 했다. 성인의 수실에 있는 것이라고는 물동이 하나가 전부였고, 평생을 남루한 수도복 하나만 입고 지냈다.

성인은 주교직에 있으면서도 놀라운 방법으로 금욕 관상 생활을, 성당건립이나 교회 행정 제반 업무들과 잘 조화시켜 나갔다. 그는 체르니카 수도원 내에 대성당을 세웠고 또 성인이 관할했던 교구와 수도원들 안에 모두 여섯 개의 성당을 새로 세우기도 했다. 그리고 성인이 관할했던 름니꾸 블챠(Rimnicul Vîlcea) 교구의 교구장으로 재임하면서 주교좌 성당과 주교관을 세웠다.

말년에 성인은 다시 체르니카 수도원으로 물러나 평수도자로 지내다가 1868년에 안식했다. 성인은 평생 기도와 관상의 삶에 전념했다. 그는 기도를 통해 병자를 치유했다. 또한 1821년 오스만 터키 군대가 부쿠레슈티를 공격했을 때, 성인은 수도원으로 피신한 수많은 난민들과 체르니카 수도원 공동체를 기도를 통해서 구했다. 성인은 마치 "지상의 천사"와 같았다. 오랜 시간 이어지곤 했던 성인의 기도와 하느님에 대한 충만한 사랑은 그의 마음을 강렬하게 감동시켰고 그의 눈은 언제나 눈물로 가득했다.

성인의 제자로 성인의 전기를 쓴 발도빈(A. Baldovin)은 다음과 같이 기록한다.

> "우리는 그의 초자연적인 삶에 늘 놀라워했습니다. 나는 수많은 성인들의 전기를 읽었습니다. 하지만 지금 나는 한 분의 살아 있는 성인 곁에서 살았음을 깨닫습니다."

스타레츠[56] 요아니키오스

루마니아 동북부에 위치한 몰도바 지방의 시허스트리

---

56. 역자주) 동방교회에서 스타레츠(starets)는 수도원장뿐만이 아니라 영적 모범이 되고 영적 삶의 안내자 역할이 맡겨진 모든 영적 아버지에게 붙여지는 칭호로, 공적인 직위를 표현한다기보다는 영적 삶의 모범과 은사에 따르는 영적 권위를 표현하는 것이라 할 수 있다.

아(Sihastria) 수도원의 스타레츠 요아니키오스(Ioanikios)는 1910년부터 1944년까지 루마니아의 위대한 '영적 스승'이었다. 그는 1859년 루마니아의 중부에 있는 트란실바니아 지방, 저르네슈티(Zărnești)에서 태어났다. 아주 어린 시절, 귀족 집안의 목동으로 일하던 요아니키오스는 목동이었던 다른 친구 한 명과 함께 아토스(Athos) 성산으로 가서 수도자가 되려고 했다. 그 목동 친구는 요아니키오스에게 글을 가르쳐 주었고, 글을 읽을 수 있게 된 요아니키오스는 시편을 모두 암기하기 시작했다. 아토스 성산으로 떠나기 전 요아니키오스는 병중에 있던 어머니에게 마지막 작별 인사를 하려고 가족이 살고 있던 마을로 돌아왔다. 어머니는 집에 돌아온 요아니키오스를 설득하여 붙잡아 두었고 결혼까지 시켜버렸다. 그럼에도 불구하고 요아니키오스는 수도자의 삶에 대한 그리움을 버리지 않고 마음속 깊이 간직했다.

어느 날 '성령의 사람' 게오르기오스(Le vieux Georges)는 요아니키오스에게, 마을 가까운 산 속에 있는 조그만 수도원에 가서 시험 삼아 1년 정도만 수실에서 지내며 매일 저녁 해질 무렵 한 끼만 먹고 매일 시편 전체 읽으면서 지내보라고 권유했다. 그 수도원에는 세 명의 은둔 수도자가 각각 세 개의 조그만 초가집에 머물면서 기도와 관상, 노동에 전념하고 있었다.

그렇게 1년의 세월을 보낸 후 요아니키오스는 집으로 돌아와 다시 1년 동안을 똑같이 수도자처럼 살았다. 그런 다음 그는 게오르기오스와 함께 예루살렘으로 갔다. 예루살렘을 순례한 후 요아니키오스는 곧바로 아토스 성산으로 향했고 거기서 수도자가 되었다. 얼마 후 그는 다시 루마니아로 돌아왔고 루마니아 동북부에 위치한 시허스트리아 수도원에 파송되어, 폐허가 된 수도원을 복구하는 임무를 맡게 되었다. 그는 어머니와 부인과 자매들과 자녀들을 모두 시허스트리아 수도원 인근에 있는 다른 수도원들에 들어가게 하였다. 시허스트리아는 요아니키오스의 영성에 이끌린 수도자로 가득 차게 되었다. 그는 매일 오후 세 시경에 한 번, 그것도 기름조차 첨가되지 않은 한 가지 채소만으로 식사하며 지냈다. 금식기간이 되면 이마저도 끊고 월요일부터 토요일까지 아무 것도 먹지 않고 지냈다. 그는 매일 시편 전체와 '성모님께 드리는 기원'(성모기원의식, Paraclisis)과 여러 가지 '기립찬양'(Acathiste)를 읽었다. 자주 눈물 흘리며 기도드렸고, 밤에는 세 시간 밖에 자지 않았다. 그는 쇠약해졌지만 대단한 의지력을 지녔다. 매일 성찬 예배와 일곱 번의 기도 예식들을 집전했다. 성찬 예배를 드릴 때마다 거의 매번 홍수 같은 눈물을 흘렸고 그래서 복음경을 읽을 수 없을 정도였다. 특히 무릎 꿇고 봉헌물 축성 기도를 드릴 때 하염없이 눈물을 흘리곤 했다. 시허스트리아 수도원 공동체 전체는 저녁 예식에 반드시 참여해야 했다. 매일 저녁, 수도자들은 고백 성사를 드려야 했고, 공동체의 한 사람이 큰 시험이나 질병으로 고통을 받을 때면, 공동체 전체가 삼일 동안 완전한 금식을 지켰으며, 시편 전체를 읽어가며 시련 중에 있는 형제를 위해 기도했다. 스타레츠 요아니키오스의 수도원에서는 누구도 큰소리로 말하거나 영적인 삶과 관계없는 이야기를 나누지 않았다. 성당에서는 모든 수도자가 고개를 숙인 채 얼굴을 가리고 속으로 기도했다. 많은 수도자들이 기도하는 동안 내내 무릎을 꿇고 있었고, 또 많은 수도자들이 '예수 기도'를 열정적으로 실천했다. 수도원의 식당에서는 평일에는 채식만 제공되었고 단지 토요일과 주일에만 생선과 계란, 그리고 기름이 허용되었다.

어느 날 스타레츠 요아니키오스에게 유혹이 찾아왔다. 그는 공동체 전체를 소집하여, 자신이 겪고 있는 유혹에 대해 고백했다. 그런 다음 자신은 더 이상 스타레츠로서 자격이 없다고 선언했다. 수도자들은 그에게 스타레츠로서 계속 머물러 달라고 간청했다. 그러자 그는 공동체의 모든 형제가 땅에 누워있는 자신의 몸을 밟고 지나간다면 그렇게 하겠노라고 답했다.

금욕과 기도를 통해 요아니키오스 스타레츠는 큰 치유의 은사를 받았다. 많은 사람이 그를 찾아와 고백성사를

했고, 영적 조언을 구했으며, 그의 기도를 통해 치유 받고자 했다. 요아니키오스 스타레츠는 이미 수일 전 자신의 마지막 날을 알았고, 그렇게 예고한 순간인 1944년 9월 6일에 안식하셨다.

영적 스승 게오르기오스

게오르기오스(Le vieux Georges)는 루마니아뿐만 아니라 그리스 아토스 성산에서도 성인으로 알려졌고 공경 받았다. 오늘날도 여전히 그를 우리 시대의 성인으로 여기고 있다. 게오르기오스는 1846년 루마니아의 중부, 트란실바니아 지역 슈가그(Sugag)라는 마을에서 태어났다. 그는 결혼을 하였고 집에서 매일 시편을 읽었다. 밤마다 정원에 나가 하늘을 향해 양팔을 들거나 혹은 '참회의 절'(메타니아)을 하며 기도드렸다. 그의 가정은 늘 빚에 쪼들리는 빈궁한 삶을 살았지만 그의 얼굴은 언제나 밝게 빛났다. 결혼 생활 14년이 지난 1883~1884년 사이에, 그는 마을 친구들과 함께 예루살렘에 가기로 결정했다. 아내의 동의를 얻어냈고, 아내는 이제 네 명의 자녀와 남게 되었다. 그는 복음경과 시편을 가지고 다녔고, 그의 마음속에서는 끊임없는 '예수기도'가 자리 잡았다. 그는 걸어서 콘스탄티노플(Constantza)에 도착했고 거기서 배를 탔다. 배에서도 하루

두 시간만 자고 끊임없이 기도를 드렸다. 그는 예루살렘에서 사십 일간 머물면서 매일 세 번씩 '예수 성묘(거룩한 무덤 성당)'을 찾아가 성찬예배와 그 밖의 다른 기도예식에 참여하였다. 이어서 팔레스타인 지역의 다른 성지를 두루 방문하기도 했고, 또 여러 수도원에 들러 잠시 동안 머물면서 금식과 끊임없는 기도를 실천했다. 어느 날 한 위대한 금욕 수도자를 만났는데, 그는 게오르기오스에게 수도자가 되어서는 안 되고 오히려 세상으로 돌아가 기도하고 금식하면서 신앙을 일깨워야 한다고 말했다. 하지만 그 전에 이를 준비하기 위해 사막에 가서 철저한 금욕 속에서 사십 일을 지내야 한다는 것이었다. 그는 결국 사막에 갔고 엄청난 시험을 이겨냈다고 한다. 거기서 그는 머리를 덮지도 않고 신발도 신지 않았다. 일어선 채로, 혹은 손을 높이 쳐들고, 혹은 태양 빛에 달궈진 돌들이나 모래 위를 맨발로 걸어 다니며 쉬지 않고 기도했다. 거의 먹지도 않았다. 사십 일이 지나자 그는 다시 예루살렘에 돌아와 부활대축일을 보내고 다시 루마니아로 돌아왔다.

그는 일생 동안 항상 시편을 손에 들고, 머리엔 아무것도 쓰지 않은 채 루마니아 목동이 입는 긴 흰 가죽 옷을 입고 맨발로 이 마을 저 마을 돌아다녔다. 그는 해가 진 후 아주 조금 음식을 먹으며 평생 순례자의 삶을 살았다. 그의 영은 언제나 기도에 집중되어 있었기 때문에, 길을 갈

때도 그 누구에게도 말을 걸지 않았다. 머무는 곳에서는 어디서든지 성당을 찾아가서 세 시간만 자면서 밤새 기도에 집중하였다. 이렇게 사십년을 살았다. 그는 서두르지도 그 어떤 것에 구애되지도 않고 늘 시편을 음송하며 걸어 다녔다. 그의 가죽 옷 안에는 언제나 나무로 만든 크고 무거운 십자가가 걸려 있었다. 그의 마음속에는 지속적인 기쁨과 그리스도를 향한 무한한 사랑이 자리했다. 그는 더위도 추위도 배고픔도 느끼지 않았고, 평생 가죽으로 만든 긴 목동 옷 한 벌만 가지고 가끔 빨아서 입고 다닐 뿐이었다. 그는 하느님과 구원에 관한 것 말고는 그 어떤 대화도 하지 않았고, 매일 스무 시간에서 스물 두 시간가량 기도를 드렸다. 루마니아에서 그를 모르는 사람은 없었다. 그는 거의 매년 여러 무리들을 인도하여 예루살렘을 순례했다. 얼마 지나지 않아 많은 사람이 그를 본받기 시작했다. 끊임없는 '예수기도'를 실천하는 또 다른 순례자들이 트란실바니아에 나타났다. 그들 중 몇몇은 수도자가 되었다.

1895년부터 그는 몰도바 지방, 삐야뜨라 냠츠(Piatra Neamtz)에 있는 성 요한 성당의 작은 종탑방을 제공받아 그곳에 머물게 되었다. 매일 밤 그는 성당에서 오랫동안 기도를 드리곤 했다. 그리고 낮에는 기도에 잠긴 채 도시의 여러 거리를 돌아다녔다. 많은 신자와 어린 아이들이 그를 따라다녔고 그가 지니고 있는 시편에 입 맞추고 그의 옷을 만졌다. 성령이 그와 함께 계시다는 것을 누구나 다 느낄 수 있었기 때문이다. 그는 가게에 들어가 한 자루씩 빵을 사곤 했고, 그러면 다른 사람이 그것을 그의 종탑방으로 들어다 주곤 했다. 그가 이렇게 빵을 가지고 종탑방으로 돌아올 때가 되면, 주변의 가난한 이들과 먹을 것이 필요한 과부들이 몰려들었고 그는 그들에게 그 빵을 모두 나누어 주었다. 그에게 구걸하는 이가 있으면 다른 사람들이 기부한 돈을 다 주어 버렸다. 그는 언제나 빵 한 개만 남겨 두었다가 저녁에 먹었을 뿐이고, 월요일, 수요일, 금요일에는 아예 아무 것도 먹지 않았다. 기도할 때 그는 가난한 이들을 돕기 위해 돈이나 물건을 기부한 사람들을 위해서 기도하는 것을 결코 잊지 않았다. 그리고 사람들이 그를 찾아와 영적 조언을 구하면, 그는 언제나 그들을 일일이 만나주었다. 사람들은 그의 선한 현존으로부터 흘러나오는 평화롭고 청명하고 거룩한 광채를 느꼈다. 그는 영적인 투명성을 지녔다. 그는 자주 몰도바 지방에 있는 수도원들을 방문했다. 그래서 몰도바 지방의 많은 사람이 그의 제자가 되어, 그처럼 맨발 맨머리로 마음속에 끊임없는 '예수기도'를 품고 길을 떠났다. 그들 중 몇몇은 오늘날까지 생존해 있다. 영적 스승 게오르기오스는 그의 제자 중 한 명인 스타레츠 요아니키오스가 수도원장으로 있던 시허스트리아 수도원 인근에 깊은 구덩이를 파놓고, 기도할 때마다 그곳에 들어가 숨었다. 이렇게 하여 그는 오로지 하늘만 바라보려 했다. 그렇게 기도를 드리고 난 다음 수도원으로 돌아오면, 제자인 요아니키오스 수도원장에게 기쁨이 충만한 목소리로 "나는 오늘 하늘에 있었다네!"라고 말하곤 했다.

그는 1918년에 안식했고 그의 장례식은 인산인해를 이루었다. 그 모든 사람은 한 분의 위대한 성인을 잃었다고 느꼈다.

*****

요아니키오스 벌란 수도사는 아직 출판되지 않은 세 권의 책에서 이와 같은 은사적 삶을 살았던 '성령의 사람들' 백여 명을 소개해 놓았다. 그런 사람들은 오늘날에도 여전히 존재한다. 그들은 그 거룩함의 유형에 있어서는 서로 다르지만, 그럼에도 불구하고 공통된 특징을 가지고 있다.

첫째, 그들 모두는 위대한 금욕가이다. 왜냐하면 정교회 영적 전통을 따라 그들은, 금욕 생활을 통하지 않고서는 정념을 제거할 수 없고, 정념의 정화 없이는 성령을 통해 하느님을 느끼는 존재가 될 수 없음을 잘 알기 때문이다. 이 영적 투명성을 통해서, 이 위대한 금욕가들은 이 지상에서부터 종말론적인 전망 안에 있는 삶, 다시 말해 '천상의 삶'을 산다.

둘째, 그들은 모두 '끊임없는 기도'를 드리는 사람이다. 그들은 '예수기도'를 실천하고, 시편을 암송하며, 교회의 성찬예배와 각종 기도 예식에 참여한다. 이렇게 그들은 그리스도 교회의 영적 환경 안에, 모든 신자와의 친교 안에, 그리고 정교 전통의 정신 안에 머문다.

셋째, 그들은 모든 사람에게 사랑의 섬김을 실천한다. 그들의 기도는 영적 아버지로서의 지혜를 얻게 해주고, 그 기도를 통하여 종종 치유의 은사를 받곤 한다.

넷째, 그들 중 대다수는 수도자가 된다. 하지만 그들은 여전히 민중과 만나고, 교회의 지속적인 영적 쇄신에 있어서 매우 중대한 역할을 감당한다. 이렇게 그들의 은사적 삶의 경지는 너무 높아 많은 사람이 쉽게 따라갈 수는 없는 것이지만, 그럼에도 불구하고 그들의 고결한 삶은 일반적으로는 모든 신자의 삶에 반향을 일으키고, 특별하게는 교회의 영적 쇄신에 주요한 역할을 하게 될 많은 제자에게 영향을 주어 그들로 하여금 다양한 수준과 유형의 영적인 삶에 도달하게 해준다.

예수 기도, 성령 체험

2017년 10월 23일 초판 1쇄 발행

지 은 이   두미뜨루 스떠닐로아에
옮 긴 이   송용기 키프리아노스
펴 낸 이   조성암 암브로시오스 대주교
펴 낸 곳   정교회출판사
　　　　　04205 서울 마포구 마포대로18길 43
　　　　　전화 : 02)364-7020 팩스 : 02)6354-0092
　　　　　www.philokalia.co.kr
　　　　　orthodoxeditions@gmail.com
　　　　　출판등록 : 제313-2010-5호

ⓒ 정교회출판사, 2017, *Printed in Korea*.
ISBN 978-89-92941-46-4 03230

이 도서의 국립중앙도서관 출판예정도서목록(CIP)은
서지정보유통지원시스템 홈페이지(http://seoji.nl.go.kr)와
국가자료공동목록시스템(http://seoji.nl.go.kr/kolisnet)에서 이용하실 수 있습니다.
(CIP제어번호:CIP2017026776)

* 잘못 만들어진 책은 바꾸어드립니다.
* 값은 뒤표지에 있습니다.

* 저작권법에 의해 한국 내에서 보호를 받는 저작물이므로
  무단 전재 및 무단 복제를 금합니다.